Giovanna Di Gioia

LA DIVINA COMMEDIA
P A R A D I S O

Le Monnier

ISBN 88-00-60020-4

C.M. 600.200

Stabilimenti Tipolitografici «E. Ariani» e «L'Arte della Stampa»
della S.P.A. Armando Paoletti - Firenze

INDICE

Canto XVI • Il cielo di Marte

Canto XVII • Il cielo di Marte

Canto XVIII • Il cielo di Marte

Canto XIX • Il cielo di Giove

Canto XXXI • Empireo

Canto XXXII • Empireo

Canto XXXIII • Empireo

Nota introduttiva

Questo lavoro è dedicato agli studenti che vogliano trovare una facile guida alla lettura delle tre cantiche della Divina Commedia. Esso risulterà particolarmente utile a quegli alunni che, in vista degli esami, per mancanza di tempo da dedicare ad uno studio approfondito, vogliano ricordare, sia pur brevemente, il significato di tutti i canti.

L'esposizione interpretativa, quasi verso per verso, tende a mettere in risalto la parte sostanziale del canto, qualora lo studente si trovi nell'impossibilità di seguire il testo originale dell'opera.

Inoltre, le sezioni dei *Questioni e temi* e *Personaggi* potranno risultare un valido aiuto per esercizi di verifica della comprensione del canto e di approfondimenti del testo.

Anche il notiziario sui personaggi, corredato di un indice alfabetico, è di facile consultazione.

Notizie biografiche

Nato a Firenze nel maggio del 1265, da Alighiero di Bellincione e da una Donna Bella di ignoto casato, fu battezzato col nome di Durante.

Scarse sono le notizie sulla sua giovinezza; a nove anni, come egli stesso scrisse nella *Vita Nuova*, si innamorò di una Beatrice che alcuni credono figlia di Folco Portinari.

Nel 1289 combatté a Campaldino dove i fiorentini sconfissero i Ghibellini di Arezzo. Nel 1295 sposò Gemma di Manetto Donato da cui ebbe quattro figli e nello stesso anno poté accedere ai pubblici uffici, dopo essersi iscritto nella Corporazione dei medici e degli speziali. Fu nel Consiglio del Capitano del Popolo e in quello dei Cento; andò come ambasciatore del comune di Firenze presso quello di San Geminiano.

Nel novembre del 1301, entrato in Firenze Carlo di Valois, mandato da Bonifacio VIII con falso incarico di paciere, il governo passò nelle mani dei Neri i quali stabilirono proscrizioni e condanne a morte contro gli avversari. Tra questi anche Dante fu condannato, con l'accusa di baratteria, di estorsioni e di complotti contro la Chiesa, ad una multa di 5000 fiorini, più l'esilio per due anni fuori della Toscana e all'interdizione perpetua dagli uffici. Dante non pagò né si presentò in giudizio, pertanto fu condannato all'esilio perpetuo.

Così l'esule cominciò il suo lungo peregrinare prima a Verona, presso Bartolomeo della Scala in Lunigiana, poi presso i Marchesi Malaspina, poi a Lucca, ancora a Verona presso Cangrande della Scala; infine a Ravenna dove morì nel 1321.

Cenni sul contenuto delle prime due cantiche della Divina Commedia

Dante percorre i tre regni dell'oltretomba in un viaggio che dura sette giorni, nella primavera del 1300, anno del giubileo.

Smarritosi in una foresta, cerca di salire verso il colle illuminato dal sole, ma tre fiere, una lonza, un leone ed una lupa, gli ostacolano il cammino; gli viene incontro Virgilio, inviato in aiuto da Beatrice, che lo guida attraverso l'Inferno. Questo è raffigurato come una enorme voragine, che si apre fino al centro della Terra, dove è conficcato Lucifero. La voragine a forma di imbuto è formata da nove cerchi concentrici, preceduti da una specie di vestibolo, l'Antinferno, nel quale si trovano gli ignavi, coloro che per viltà furono indifferenti al bene ed al male.

Dante passa dall'Antinferno via via negli altri cerchi; nel Limbo dove sono i non battezzati e i non Cristiani; nei cerchi destinati ai peccatori di incontinenza; in quello degli eretici e negli altri in cui sono puniti coloro che commisero il male volontariamente, fino a giungere a Lucifero. Dopo avere attraversato il centro della Terra rivede, nell'altro emisfero, il cielo.

Nell'emisfero australe si erge, su un'isola, un'altissima montagna a forma di piramide, formata da sette ripiani, o balzi, concentrici e sovrapposti, collegati da scalette scavate nella roccia: alla base una "campagna", l'Antipurgatorio, in cima una "divina foresta", il Paradiso terrestre.

Al Purgatorio giungono, su una barca guidata da un angelo, le anime che, dopo avere scontato la loro pena, sono degne di salire al cielo.

Nell'Antipurgatorio sostano le anime di coloro che, per vari motivi, furono negligenti a pentirsi fino al punto di morte.

Nelle sette cornici si trovano le anime di coloro che stanno espiando i propri peccati. Qui, a differenza dell'Inferno, le anime non rimangono eternamente nella stessa cornice, ma via via passano alla cornice superiore e, quando tutte le colpe saranno state espiate, giungeranno sulla vetta dove si trova il Paradiso Terrestre.

Qui Virgilio, costretto a lasciare Dante prima di entrare in Paradiso perché non credente in Cristo venuto né in Cristo venturo, scompare nel preciso momento in cui, in una meravigliosa visione, appare Beatrice che guiderà Dante nel regno dei cieli.

Beatrice rimprovera Dante perché piange per la scomparsa di Virgilio, il "dolcissimo padre". Dopo l'immersione nel Letè e dopo aver bevuta tutta l'acqua dell'Eunoè, Dante, purificato, è pronto a salire alle stelle.

Sintesi della terza cantica

Il Paradiso è l'Empireo, cielo immobile in cui hanno sede, con Dio e gli angeli, tutti i beati disposti in *"candida rosa"*, intorno alla Vergine.

Dante considera facenti parte dell'Empireo i nove cieli del sistema tolemaico, che ruotano intorno alla Terra, immobile al centro dell'Universo, con una velocità via via maggiore, quanto più sono lontani da essa.

I beati del Paradiso, prima di mostrarsi a Dante tutti raccolti nell'Empireo, appaiono ordinati di cielo in cielo con ordine ascendente. Nel primo cielo, quello della Luna, sono le anime beate e perfette ma che, per violenza altrui, furono costrette a venir meno ai propri voti; nel secondo cielo, quello di Mercurio, si trovano le anime di coloro che compirono in vita opere grandi e degne di lode e di fama; nel terzo cielo, quello di Venere, hanno sede gli spiriti amanti, che, dopo essersi dati a folli amori, poi si pentirono.

Dopo questa prima triade ecco il cielo del Sole, il cielo dei sapienti che splendono in figura di corone, e sono i grandi filosofi e teologi.

Il cielo di Marte accoglie gli spiriti guerrieri morti per la fede o per la giustizia. Nel cielo di Giove ci sono le anime dei grandi che amarono ed esercitarono la giustizia. Nel settimo cielo, quello di Saturno, vengono incontro a Dante gli spiriti contemplanti, eremiti solitari che salgono e scendono per una scala dorata e si perdono su verso l'Empireo.

Nei cieli che seguiranno non ci sono più categorie di anime, ma solo cori angelici e di beati.

Nell'ottavo cielo, quello delle stelle fisse, dove appaiono tutte insieme le anime dei beati, Dante assiste al trionfo di Cristo e di Maria e viene interrogato dagli apostoli Pietro, Giacomo e Giovanni sulle tre virtù teologali.

Nel nono cielo, o primo mobile, appaiono a Dante le gerarchie angeliche.

Le gerarchie angeliche sono tre: la prima, che comprende Angeli, Arcangeli e Principati, appartiene al Padre e governa i primi tre cieli; la seconda, comprendente Potestà, Virtù, Dominazioni, regola il quarto, quinto e sesto cielo; la terza, che comprende Troni, Cherubini e Serafini, muove gli ultimi tre cieli.

Dopo aver visitato il nono cielo, Dante passa nell'Empireo non più assistito da Beatrice, ma da San Bernardo, il quale prega la Vergine di ottenere per Dante la grazia di contemplare Dio. Il Pellegrino guarda e vede tre cerchi concentrici, di tre colori diversi e di uguale dimensione, l'uno riflesso nell'altro, e il terzo come fuoco prodotto dai primi due ed ha l'intuizione della Trinità e dell'Incarnazione.

Nel cielo della Luna, i beati mostrano debolmente i lineamenti umani; negli altri pianeti, essi appaiono in forma di tanti lumi più o meno splendenti; nell'Empireo tutti mostrano le loro antiche sembianze non offuscate dalla luce che le riveste.

Canto I

Sfera del fuoco

Proemio	Dubbi di Dante
del Paradiso	Il modo di salire. L'ordine dell'universo

Proemio e invocazione (vv. 1-36)

La cantica, come le due precedenti, si apre con una protasi e con l'invocazione non più alle Muse, ma ad Apollo, padre delle Muse e dio della poesia.

Il poeta inizia con l'annunziare la grandiosità del suo concetto, affermando che *"la gloria di colui che tutto move"*, cioè Dio, penetra per tutto l'Universo e risplende più in una parte che in un'altra. Dante è nell'Empireo, dove risplende maggiormente la gloria divina, e lassù vede cose che nessuno può né sa ridire. Invoca perciò Apollo affinché impieghi tutte le sue forze, proprio come fece con Marsia, per aiutarlo a rendere, sia pure debolmente, l'immagine di ciò che ha visto lassù, così potrà meritare la corona di alloro, pianta tanto cara al dio, con la quale viene incoronato un imperatore o un poeta. Forse dopo di lui altri poeti nasceranno sicuramente più grandi: *"poca favilla gran fiamma seconda"*.

Salita alla sfera del Sole. Soluzione del primo dubbio (vv. 37-93)

Il Sole nell'orizzonte si trova nel punto di incontro con lo zodiaco, con l'equatore e con il coluro equinoziale, determinando così il mattino nell'emisfero del Purgatorio *"di là"*, e sera sulla Terra *"di qua"*. Beatrice, come l'Aquila, tiene fissi gli occhi nel Sole: *"Aquila sì non li si affisse unquanco"*.

E come da raggio diretto nasce raggio riflesso, così dall'atto di Beatrice nasce quello di Dante che fissa anch'egli lo sguardo nel Sole; ma non riesce a sostenerne la luce, la quale sembra raddoppiata, come se Dio, che può ciò che vuole, avesse ornato il cielo di un altro Sole, per cui Dante rivolge gli occhi in quelli di Beatrice. Così assorto, il poeta si sente tramutare dall'umano al divino, proprio come successe a Glauco quando fu trasformato in dio marino.

Ad un certo punto l'attenzione di Dante viene attirata da una dolcissima armonia prodotta dal ruotare dei cieli e gli sembra di vedere un immenso spazio di cielo acceso dalla fiamma del Sole. La novità del suono e la gran luce fanno nascere in Dante il desiderio di conoscere la causa, e Beatrice, che legge nei suoi pensieri, gli dice: *"Tu non se' in Terra, sicco-me tu credi; ma folgore, fuggendo il proprio sito non corse come tu ch'ad esso riedi"*.

Un altro dubbio. L'ordine dell'Universo (vv. 94-126)

Sciolto il primo dubbio, Dante viene preso da un secondo, cioè si meraviglia del fatto che egli possa attraversare, salendo, i corpi celesti: l'aria e il fuoco.

Ancora una volta, Beatrice, guardandolo affettuosamente, con l'espressione di una madre che guarda il figlio che delira, sorridendo gli espone l'ordine dell'Universo con un ragionamento filosofico: "Tutte le cose sono rette tra di loro da un ordine, e quest'ordine costituisce la forma che fa l'Universo simile a Dio. In quest'ordine gli esseri dotati di intelligenza, *"l'alte creature"*, vedono il segno della potenza e della sapienza di Dio, la quale è il fine ultimo al quale è subordinato l'ordine stesso.

In quest'ordine sono disposte tutte le creature, secondo le loro diverse condizioni, più o meno vicine a Dio, per cui si muovono verso mete diverse attraverso l'immensità dell'Universo, e ciascuna è dotata di un istinto che la guida nella direzione in cui è volta.

Questo istinto naturale fa sollevare il fuoco dalla Terra verso la Luna, indirizzandolo alla sfera del fuoco che sta tra la Terra e la Luna; quest'istinto è ciò che muove le anime degli uomini ed è ciò che mantiene ben compatta tutta la Terra, e non solo le creature irrazionali, ma anche gli Angeli e gli uomini, "*c'hanno intelletto ed amore*".

Dio, che ha dato un sì bell'ordine all'Universo, comunica la sua luce al cielo Empireo, nel quale gira il Primo Mobile. Così ora andiamo proprio lì, nell'Empireo, luogo stabilito per noi, portati da quell'istinto il cui fine è sempre lieto.

Certo è che come la forma di un'opera d'arte spesso non corrisponde all'intenzione dell'artista, perché la materia offre resistenza "*perch'a risponder la matera è sorda*", così talvolta la creatura, anche se spinta al bene, per la libertà dell'arbitrio, si volge in direzione del male. Ora tu non devi meravigliarti del tuo salire verso il cielo come non ti meravigli di un ruscello che scende dalla cima di un monte giù verso il fondo valle.

Il tuo salire è cosa del tutto naturale; dovresti invece meravigliarti se, libero da ogni cosa che ti impedisca di salire, tu rimanessi fermo sulla Terra, così come desterebbe meraviglia la fiamma del fuoco che non tendesse in alto".

Dopo queste parole, Beatrice rivolge gli occhi verso il cielo.

Questioni e temi

Il primo canto può considerarsi quasi un'introduzione a tutta la cantica, per i numerosi aspetti che torneranno in essa.

La questione principale di questo canto è la trattazione de "l'ordine cosmico", che diventa ascesa verso Dio.

Tutto in questo canto, la scena dominata dall'atteggiamento di Beatrice, il miracolo dell'eccezionale splendore del cielo, la lezione di Beatrice sulle leggi della vita universale, conduce al sentimento intenso di Dio. L'anima cristiana trova nel sentimento del divino il termine della sua vita. Diversi sono i temi qui presenti: il primo è quello della "luce", fondamentale in tutta la cantica; si può notare sin dai primi versi, laddove Dio "*per l'universo penetra e risplende*" (v. 2), e "*nel ciel che più de la sua luce prende*" (v. 4); e ancora nello sguardo di Beatrice e di Dante fisso nel Sole. Accanto al tema della luce, si annuncia quello della musica la quale è base e sottofondo alla narrazione, anche se in questo primo canto è fugacemente presente solo in qualche punto (vv. 76-78).

Come in tutta la cantica anche in questo primo canto, ai vv. 37-42 e 101-125, è presente il ricorso all'astronomia per mezzo di affermazioni scientifiche e teologiche in rapporto alle conoscenze dell'epoca.

Altro tema importante di questo canto e di tutta la cantica è la sovrannaturale potenza di Beatrice, la quale è rivelazione e rivelatrice di verità, intermediaria tra l'uomo mortale e Dio, ma nello stesso tempo creatura viva, capace di cure affettuose, di materna compassione, di indulgente sorriso: "*li occhi drizzò ver me con quel sembiante che madre fa sovra figlio deliro*" (vv. 101-102).

I dubbi di Dante costituiscono, già da questo primo canto, uno dei principali mezzi per fare uso della dinamica dialogica, sia nei confronti dei beati sia della stessa Beatrice.

PERSONAGGI

In questo, come in altri canti, Dante fa spesso ricorso a miti classici, sia per le similitudini, che rappresentano uno dei mezzi espressivi più ricorrenti, sia per avvicinare le figure pagane a figure cristiane. Ricordiamo qui:

Apollo: il capo delle Muse che occupava una delle due cime del Parnaso, Cirra; l'altra cima, Nisa o Elicona, era occupata dalle Muse. Dante chiama Apollo "*delfica verità*", perché il dio era venerato soprattutto a Delfi.

Glauco: pescatore della Beozia, vedendo che i pesci da lui presi, se assaggiavano una certa erba riacquistavano vita e si tuffavano in mare, provò a mangiare anche lui, e da uomo fu tramutato in dio marino.

Marsia: satiro frigio che aveva osato sfidare Apollo in una gara musicale. Il dio per punizione lo scorticò traendolo fuori, di un sol colpo, dalla sua pelle, proprio come fa un guerriero quando di colpo estrae la spada dalla guaina.

Dante si rifà al racconto di Ovidio nel sesto libro delle *Metamorfosi*.

CANTO II

Il cielo della Luna

Categoria dei beati	Visione dei beati	Dubbi di Dante
Spiriti mancanti ai voti	Gli spiriti appaiono come immagini riflesse	Le macchie lunari. Le influenze dei cieli

Ammonimento ai lettori (vv. 1-18)

Prima di descrivere la bellezza del Paradiso, Dante rivolge un ammonimento ai lettori, per avvertirli che la materia che sta per trattare, per la sua elevatezza, non la potrà comprendere chi è in *"piccioletta barca"*, cioè colui che non possiede una adeguata conoscenza filosofica e teologica; pertanto sarà opportuno che i lettori tornino a rileggere le prime due cantiche, *"a rivedere li vostri liti"*, perché affrontando la terza cantica essi rimarrebbero smarriti.

Invita, quindi, a seguirlo quei pochi che hanno rivolto l'animo alla scienza delle cose divine, promettendo loro alte meraviglie.

Salita al cielo della Luna (vv. 19-48)

Il desiderio istintivo di salire all'Empireo trasporta Dante e Beatrice in alto velocissimamente. Beatrice guarda nel Sole, e Dante in lei. In un attimo giungono in un luogo dove Beatrice *"sì lieta come bella"*, divinamente raggiante, rivolta verso Dante meravigliato, lo invita a ringraziare Dio che li ha fatti salire al primo cielo, quello della Luna.

Dante si sente avvolto da una nube *"lucida, spessa, solida e pulita"* come un diamante su cui batte il raggio del Sole; e la Luna li accoglie, come l'acqua riceve un raggio luminoso senza che la sua superficie si rompa. In seguito a questo fenomeno incomprensibile, Dante è preso dal desiderio di *"vedere quell'essenza in che si vede come nostra natura e Dio s'unio"*, cioè Gesù Cristo, in cui la natura umana si unì alla natura divina; e aggiunge che solo in cielo saranno evidenti quei misteri che in Terra riteniamo veri in grazia della fede. Quindi ringrazia Dio che lo ha allontanato dal mondo.

Le macchie lunari (vv. 49-105)

Dante chiede a Beatrice cosa siano quei segni oscuri che si vedono nella Luna, e che sulla Terra si racconta che siano generati dalla figura di Caino, confinato da Dio nella Luna e qui condannato a portare un fascio di spine. Prima di rispondere, Beatrice domanda a Dante cosa ne pensi, ed egli risponde che forse dipende dalla maggiore o minore densità delle varie parti della superficie lunare. E Beatrice confuta questa falsa opinione dicendo che la sfera ottava, il cielo delle stelle fisse, mostra molte stelle le quali, sia per la qualità che per la quantità di luce, si possono vedere *"di diversi volti"*, cioè aventi diverse apparenze; se rarità e densità facessero ciò, in tutte le stelle sarebbe una sola potenza, *"virtù"*, data dalla densità e distribuita in misura maggiore, minore o uguale tra le varie stelle. Ma le diverse virtù delle stelle devono provenire da diversi principi informatori i quali sarebbero, conseguentemente al ragionamento di Dante, tutti distrutti tranne uno: la densità; non ci sarebbe più differenza tra stella e stella. In più, se la scarsa densità fosse la causa di quelle macchie *"di quel bruno"* ci potrebbero essere due possibilità: o questo pianeta potrebbe essere privo della sua materia in qualche punto, o, come un corpo divide diversamente tra le sue parti il grasso e il magro, così questo pianeta avrebbe parti più dense e parti meno, allo stesso modo di come un volume può essere più o meno grosso, a seconda delle pagine che lo compongono.

Se si avverasse questo, sarebbe manifesto nell'eclissi del Sole, perché si verificherebbero fenomeni di trasparenza nei punti di minore densità, come traspare in ogni altra sostanza meno compatta, e questo non accade. "Allora – continua Beatrice – è da considerare il secondo caso, e se distruggerò anche la seconda ipotesi, sarà dimostrata falsa la tua teoria, *"lo tuo parere"*. Se è vero che la parte meno densa, *"questo raro"*, non è dalla parte opposta, sì da formare un foro, bisogna che ci sia un punto al di là del quale la densità non lasci passare il raggio luminoso e che da quel punto il raggio si rifletta, così come si riflette dallo specchio il raggio colorato delle cose. Tu dirai che in queste macchie il raggio si mostra più scarso per essere riflesso da un punto più interno; ma da questa obiezione ti potrà liberare, se lo vorrai, l'esperienza pratica. Osserva tre specchi, due a uguale distanza da te, e il terzo più lontano, e poni dietro a te un lume che ti illumini e ritorni a te riflesso. Sebbene il lume più lontano appaia più piccolo, pure lo vedrai ugualmente risplendere".

L'influenza dei cieli (vv. 106-148)

Confutata la falsa opinione circa le macchie lunari, Beatrice espone quella vera: "Dentro l'Empireo ruota il Primo Mobile, nella cui virtù sta la vita, *"l'esser"*, di tutto ciò che è contenuto da esso, *"di tutto il suo contenuto"*, cioè di tutti gli altri otto cieli da esso abbracciati".

Il cielo successivo, quello delle stelle fisse, distribuisce questa virtù nelle diverse stelle e gli altri cieli dispongono le diverse virtù ai loro fini e ai loro affetti. Così i cieli ricevono di grado in grado l'influenza del cielo superiore e la comunicano a quello inferiore. Il movimento poi e la virtù di ogni cielo procedono dalle Beate Intelligenze (gli Angeli). E come l'anima spiega la propria virtù nelle differenti membra del corpo per mezzo di diverse facoltà, così l'Intelligenza angelica, che muove il cielo stellato, spiega la sua efficacia benefica sulle varie stelle in modo molteplice. La diversa influenza angelica nei cieli sottostanti si unisce in modo diverso, *"fa diversa lega"*, col cielo a cui essa dà vita e nel quale si trasfonde, così come la vita si trasfonde in voi uomini. L'influenza della Intelligenza, poiché si è unita col corpo celeste, risplende in esso, *"per lo corpo luce"*, come la gioia dell'uomo risplende nel brillar della pupilla, *"per pupilla viva"*. Da questa Intelligenza angelica deriva il diverso risplendere di un corpo celeste rispetto all'altro, e non da densità maggiore o minore del corpo, *"non da denso e raro"*. Essa è il principio generatore che produce, secondo la sua varia influenza benefica, l'oscuro ed il chiaro; *"essa è 'l formal principio che produce, conforme a sua bontà, lo turbo ed il chiaro"*.

Questioni e temi

Anche nel secondo canto compare il tema cosmologico; nel primo canto c'è l'ordine universale, grazie al quale le creature tendono a Dio; nel secondo è presente il sistema delle influenze celesti sul mondo terreno. Nell'uno e nell'altro canto è evidente la concezione religiosa che Dante ha dell'universo.

La questione delle macchie lunari è la parte dominante del canto e anche se ai lettori moderni può apparire marginale, c'è da dire che ai tempi di Dante tali questioni tendevano a dimostrare la profondità e la ricchezza della propria cultura.

L'impegno attivo che Dante richiede all'uomo per conoscere la verità è rappresentato dalla figura di Beatrice, interprete della verità divina, che richiede a Dante uno sforzo autonomo e personale per giungere alla giusta conclusione. Questa volta il discorso di Beatrice appare diverso da quello che conclude il primo canto, in cui prevale il procedimento descrittivo, il metodo dell'osservazione; qui, invece, Beatrice si preoccupa di sgomberare il terreno dalle spiegazioni false, facendo leva sulle possibilità della ragione umana per arrivare a stabilire la verità.

Come nel canto precedente, anche in questo, accanto al tema dell'ordine universale e a quello dell'affettuosa premura di Beatrice, il tema della luce occupa un posto di primaria importanza: *"Parev' a me che nube ne coprisse / lucida, spessa, solida e pulita"* (vv. 31-32); la luce della sostanza sembra divenire materia palpabile.

Le similitudini sono continuamente presenti anche in questo canto, a cominciare da *Minerva*, simbolo della Sapienza divina, che è il vento che soffia gonfiando le vele della nave di Dante *"al mio legno che cantando varca"* (v. 3); *Apollo*, dio della poesia, fa da nocchiero alla nave del poeta; è il simbolo della fantasia poetica che "conduce" Dante. Le *Nove Muse*, divinità pagane, protettrici delle arti, alle quali Dante chiede aiuto perché gli *"dimostran l'Orse"*, cioè il polo, che serve come riferimento al navigante. *Giasone*, leggendario eroe greco, capo degli Argonauti, trasformato in bifolco che arava un campo con due buoi fumanti fiamma dalle narici, e da lui miracolosamente domati (dal settimo libro delle *Metamorfosi* di Ovidio). La similitudine sta per indicare che quella trasformazione non sarà così mirabile come quella da cui saranno presi ora i lettori di Dante.

CANTO III

Il cielo della Luna

Categoria dei beati	Visione dei beati	Anime	Dubbi di Dante
Spiriti mancanti ai voti	Gli spiriti appaiono come immagini riflesse	Piccarda Donati. Costanza	La felicità dei beati

Visione delle anime (vv. 1-33)

Beatrice, con la dimostrazione *"provando"* e con la confutazione *"riprovando"*, ha persuaso Dante il quale solleva il capo per dichiararsi convinto della verità, ma un'apparizione lo attrae tanto da fargli dimenticare di fare la sua confessione. Sono molti visi disposti a parlare, che gli appaiono *"quali per vetri trasparenti e tersi ovver per acque nitide e tranquille"*. Il poeta scambia quelle anime per immagini riflesse e cade nell'errore opposto a quello di Narciso; si volge indietro per vedere di chi siano, ma non vede nulla e si rivolge con stupore e quelle che egli vede non sono immagini specchiate, ma *"vere sustanze... qui rilegate per manco di voto"*; quindi Beatrice lo esorta a parlare a quelle anime.

Piccarda Donati e i gradi di beatitudine (vv. 34-90)

Il poeta si rivolge all'anima che pare più desiderosa (*"più vaga"*) di parlare e la prega di dirle il suo nome e la condizione dei beati e di questo cielo (*"Luna"*). E l'anima risponde: "La nostra carità non si rifiuta a giusto desiderio; nel mondo io fui suora; e se tu ben scavi nella tua memoria, la bellezza cresciutami in cielo non ti impedirà di riconoscermi per Piccarda (Donati)".

Continua dicendo che essa è beata nel cielo della Luna, che gira più lentamente e che tale grado di beatitudine, in apparenza tanto basso, è dato alle anime che mancarono ai voti o non li adempirono in qualche parte: *"perché fuor negletti / li nostri vóti e vòti in alcun canto"*.

Dante si scusa di non aver riconosciuta Piccarda, perché qualcosa di divino ne ha alterato le sembianze; poi chiede se quelle anime non desiderino un cielo situato più in alto per vedere maggiormente Dio, per amarlo di più ed essere amate più intensamente. A questa domanda Piccarda sorride un poco con le altre anime, poi risponde che la virtù della carità, cioè la potenza dell'amore divino, fa volere solo quello che hanno e non suscita in esse altro desiderio, acquieta la loro volontà, appagandola. Se desiderassero di essere più in alto, i loro desideri sarebbero in disaccordo con il volere di Dio, il che non ha luogo in Paradiso, dove è necessaria la *"carità"* che consiste nell'uniformità al volere divino. Cosicché a tutti i beati piace il modo in cui essi sono distribuiti nei cieli, come piace a Dio che uniforma la volontà dei beati alla sua stessa volontà, in cui è la loro pace, e a cui tendono tutti gli esseri creati, come i fiumi tendono al mare. Dante allora comprende che ogni parte del cielo è Paradiso, sebbene la grazia di Dio vi sia variamente distribuita.

Le vicende terrene di Piccarda e di Costanza d'Altavilla (vv. 91-130)

A questo punto Dante, soddisfatto della spiegazione, chiede a Piccarda quale fu il voto da lei lasciato incompiuto. Ella risponde che per seguire la regola di Santa Chiara e vivere con Gesù Cristo fino alla morte, ancor giovinetta si separò dal mondo e fece voto di castità, vestendo l'abito monacale; *"Uomini poi, a mal più ch'a ben usi, fuor mi rapiron de la dolce chiostra; Iddio si sa qual poi mia vita fusi"*.

Poi Piccarda mostra alla sua destra un'altra anima raggiante di tutta la luce di quella sfera, dicendo che anch'essa fu suora e che le furono tolte dal capo le sacre bende; ma riportata di nuovo nel mondo *"contra suo grado e contra buona usanza"* conservò sempre l'amore per il velo monacale. Essa è l'anima di Costanza imperatrice, moglie di Arrigo VI e madre di Federico II, che fu il terzo ed ultimo imperatore della casa di Svevia.

Finito il suo discorso, Piccarda intona il canto dell'Ave Maria, e cantando si dilegua. Dante la segue con lo sguardo finché è possibile, e quando l'ha perduta di vista volge gli occhi verso Beatrice dallo splendore della quale rimane abbagliato.

Questioni e temi

In questo canto compare il primo personaggio che chiarisce le caratteristiche essenziali del Paradiso e svela a Dante l'essenza della beatitudine che è l'anima della vita paradisiaca; la piena beatitudine che è la somma felicità per i beati, la cui volontà si accorda perfettamente con la giustizia divina.

Piccarda, pur nella sua parvenza sfumata ed evanescente, come tutti gli altri beati, non nasconde la volontà di parlare e di offrire a Dante tutto il nutrimento della verità; ella è esteriormente trasformata dall'impronta della beatitudine, che è insieme simbolo di carità e di concordia tra i beati. Anche qui la luce ha la sua importanza; infatti l'intensificarsi della luce emanata dagli spiriti indica la loro gioia di carità, la stessa carità che è presente in Beatrice negli ultimi versi del canto.

Nella figura di Piccarda si avverte anche un'eco del motivo politico; infatti Dante trova lo spazio per parlare della sua Firenze e del suo risentimento nei confronti dei guelfi neri, i quali, con prepotente spregiudicatezza hanno trascinato Piccarda fuori *"de la dolce chiostra"* (v. 107). Piccarda è senza dubbio un personaggio generoso, e lo dimostra non solo quando offre a Dante tutto il suo amore e la sua dolcezza nel ricordargli la sua condizione terrena, ma anche quando presenta la *"gran Costanza"*: l'imperatrice Costanza d'Altavilla. Di costei Piccarda celebra la fedeltà a Dio, mantenuta anche dopo il forzato ritorno al mondo di tutti i giorni, e soprattutto l'umana dignità di lei, madre e moglie di due imperatori.

C'è da sottolineare che qui, come in altri canti, è sempre il protagonista, in questo caso Piccarda, che introduce e presenta verso la fine un nuovo personaggio: Costanza.

PERSONAGGI

Piccarda Donati: figlia di Simone Donati, fu suora nell'ordine delle Clarisse; fu tratta a forza fuori dal monastero dal fratello Corso, che la volle dare in sposa al fiorentino Rossellino della Tosa.

Costanza d'Altavilla: imperatrice, discendente dalla casa normanna di Sicilia, sposò Enrico IV di Svevia, figlio di Federico Barbarossa, e fu madre del grande Federico II. Ai tempi di Dante si diceva che ella fosse stata fatta uscire di convento con la forza, per andare sposa ad Enrico IV, affinché con il suo matrimonio, all'impero degli Svevi si congiungesse quello normanno.

Narciso: tramutato dagli dei in fior di narciso, era un giovane bellissimo e morì consumato dall'amore per la sua stessa immagine (dal terzo libro delle *Metamorfosi* di Ovidio).

Canto IV

Il cielo della Luna

Categoria dei beati	Visione dei beati	Dubbi di Dante
Spiriti mancanti ai voti	Gli spiriti appaiono come immagini riflesse	La sede dei beati e il ritorno delle anime alle stelle. I voti infranti per l'altrui violenza

Dante ha due dubbi e Beatrice glieli legge in viso (vv. 1-27)

Dante, dopo aver ascoltato le parole di Piccarda, è preso da due dubbi, ma Beatrice, che gli legge nel pensiero, fa con lui come fece il profeta Daniele con Nabucodonosor, quando gli spiegò il sogno e gli placò l'ira che lo aveva reso a torto feroce con tutti.

Il poeta si chiede come mai la violenza altrui può diminuire il merito se dura il buon volere di osservare i voti e se sarà vera la sentenza di Platone, che le anime ritornino alle stelle.

Beatrice tratta le questioni cominciando dalla seconda che è di più ardua comprensione.

La sede dei beati: secondo dubbio (vv. 28-63)

"Tutti i Beati – afferma Beatrice – hanno le loro sedi nell'Empireo, e non hanno al loro stato di beatitudine limiti diversi di tempo; tutti sono beati in eterno e godono in modo diverso la dolcezza della vita beata a seconda che sentano più o meno la beatitudine diffusa da Dio. Quegli spiriti ti apparvero nel cielo della Luna, non perché questa sfera sia loro toccata in sorte, ma per significare il grado inferiore della loro beatitudine. All'intelletto umano, infatti, bisogna parlare con segni sensibili poiché solo cosa sensibile apprende ciò che poi esso fa diventare intelligibile. Per questo la Sacra Scrittura, adattandosi all'umana capacità, attribuisce a Dio piedi e mani, raffigurandolo umanamente, e la Santa Chiesa rappresenta con aspetto umano i tre arcangeli, Gabriele, Michele e Raffaele, che restituì la vista a Tobia cieco.

Ciò che Platone dice nel *Timeo* circa le anime non è conforme a quello che vedi nel cielo della Luna, perché pare che Platone intenda proprio che le cose stiano come dicono le mie parole. Dice che l'anima ritorna alla sua stella, credendo che se ne sia staccata quando la natura la diede come forma al corpo umano; e forse il suo pensiero è diverso da quello che significano le parole, e forse vuole dire cose non degne di essere derise, se vuole parlare degli influssi delle stelle sulle anime. Ma questo principio fu mal interpretato e il mondo fu indotto a dare alle stelle il nome di dei, come Giove, Marte e Mercurio, credendo che questi si identificassero con quelle".

I voti infranti: primo dubbio (vv. 64-117)

Chiarito il secondo dubbio, Beatrice scioglie anche il primo, che è meno dannoso.

"Se la libera volontà – dice – non si oppone tutta alla violenza che essa offre, non può scusarsi, poiché essa non può essere costretta, ma fa come la fiamma che cerca sempre di salire anche se tante volte una violenza esterna cerchi di piegarla in giù. Così fecero Piccarda e Costanza. Se la loro volontà fosse stata così forte come quella di S. Lorenzo sulla graticola e di Muzio Scevola, inesorabilmente fermo di fronte alla sua mano che bruciava, esse sarebbero tornate al monastero. Ma una volontà così salda è troppo rara". A questo punto Beatrice vede che Dante è di nuovo in difficoltà perché ella ha detto che le anime dei beati non possono mentire, perché vicine a Dio, e Piccarda ha affermato che Costanza conservò l'attaccamento alla vita monastica; le due affermazioni sembrano contraddirsi fra loro. Beatrice supera questa difficoltà facendo una distinzione tra "volontà assoluta" e "volontà relativa e condizionata".

"Accade spesso che, per evitare un pericolo, si fa, contro voglia, ciò che non conviene: in questi casi volontà e violenza si mescolano e le colpe non si possono scusare. La volontà pura, intatta, non permette di fare del male, *"non consente al danno"*; vi consente solo in quanto teme di provocare un male peggiore. Perciò quando Piccarda dice che Costanza non consentì alla violenza *"non fu dal vol del cor già mai disciolta"*, intende parlare della volontà assoluta; io invece intendo parlare della volontà relativa e condizionata, perciò posso dire che poteva ritornare al monastero e non vi tornò. Detto ciò puoi capire come entrambe diciamo la verità".

Un nuovo dubbio (vv. 118-142)

A questo punto Dante si dichiara incapace di ringraziare adeguatamente Beatrice per gli insegnamenti ricevuti e si augura che lo faccia Dio, che tutto può. Dante sa che solo la verità divina può saziare l'intelletto umano; al di fuori di questa nessuna altra verità può esistere. Sa che, generato da quel desiderio naturale, nasce il dubbio ai piedi del vero, come il nuovo rampollo di un albero nasce ai piedi di questo, ed è un impulso naturale quello che ci spinge di cima in cima, *"di collo in collo"*, verso la vetta più alta, cioè verso la verità divina. Questo impulso naturale a procedere verso il vero dà a Dante l'ardire di esporre un altro dubbio: se l'uomo possa soddisfare con altre buone opere i voti inadempiuti. Beatrice lo guarda con occhi così sfavillanti d'amore che Dante rimane del tutto smarrito e deve abbassare gli occhi.

Questioni e temi

Forse è il canto più denso di questioni e dimostrazioni dottrinali. È occupato quasi interamente dalla spiegazione di Beatrice della struttura del Paradiso e di alcuni aspetti della dottrina Cristiana.

La prima questione riguarda la sede dei beati. Qui Dante prende spunto per una lezione di psicologia, spiegando il motivo per cui le anime si mostrano distribuite nei vari cieli. Tutti i beati, insieme agli angeli, risiedono nell'Empireo, ma si distribuiscono provvisoriamente nei vari cieli, per permettere a lui, che è ancora vivo, di capire partendo da dati sensibili. Con questa soluzione il poeta si crea la possibilità di presentare il Paradiso secondo la stessa disposizione dell'Inferno e del Purgatorio: qui sono divisi in base ai peccati e alle pene, mentre nel Paradiso in base ai meriti e alle virtù. Le anime che si presentano nel cielo della Luna sono quelle di coloro che mancarono ai voti e il loro grado di beatitudine è inferiore a quello delle altre anime.

A questo punto è chiaro che Dante rifiuta, ma garbatamente, la dottrina platonica, secondo la quale l'anima preesiste al corpo, in cui s'incarna, e poi, alla morte di quello, torna alla stella dalla quale è discesa.

Un'altra questione riguarda il problema del voto. Dante ha appreso che Piccarda e Costanza non mantennero i voti perché costrette con la forza a lasciare il monastero: quale colpa si può loro attribuire? E Beatrice scioglie il dubbio facendo la distinzione tra volontà assoluta, che non vuole il male, e volontà relativa o condizionata, cioè quella che, spinta dalle circostanze, permette il male. Costanza, con la volontà assoluta rimase fedele al voto, ma, spinta dalla volontà relativa, accettò il matrimonio, quindi il male minore.

Alla fine è evidente la gioia della verità conquistata. Il canto si chiude con la particolarmente bella rappresentazione dello smarrimento di Dante dinanzi al divino.

CANTO V

Il cielo della Luna

Categoria dei beati	Visione dei beati	Dubbi di Dante
Spiriti mancanti ai voti	Gli spiriti appaiono come immagini riflesse	Santità del voto. Sua dispensa e permutazione

Beatrice spiega a Dante la causa del proprio splendore (vv 1-15)

Beatrice esorta Dante a non meravigliarsi se ella, nell'ardore dell'amore divino, emana tanto splendore da abbagliarlo; questo proviene dalla perfezione della sua vista, la quale più percepisce la luce divina più si arricchisce di essa. La stessa luce già risplende nell'intelletto di Dante e se un'altra cosa attira l'umano affetto, è solo perché in essa vi è qualche raggio della stessa luce divina. Poi risponde al dubbio di Dante: se si può soddisfare con altre opere buone al voto non adempiuto.

Spiegazione del voto: il libero arbitrio e la permutazione del voto (vv. 16-63)

"Il dono più grande – spiega Beatrice – che Dio per sua generosità ha fatto all'uomo nell'atto della creazione, e quello che Dio stesso più stima, è il dono del libero arbitrio, cioè del libero volere, il quale implica la responsabilità dell'opera buona e la possibilità della conquista del regno dei cieli. Il voto è importante perché fatto spontaneamente e con esso l'uomo sacrifica il suo maggiore tesoro, il libero volere. È chiaro che è impossibile fare legittimo uso di una cosa offerta spontaneamente, perciò è impossibile la permutazione del voto".

Persuaso Dante sul punto principale della questione, Beatrice continua dicendo: "Poiché la Chiesa talvolta dispensa dal voto, è necessario, per capire l'apparente contraddizione, ascoltare altre spiegazioni. Alla natura del voto sono necessarie due cose. La prima è la materia del voto, ciò che si promette; la seconda è il patto che si fa con Dio, cioè l'impegno che si assume. Il patto, la convenzione che si fa con Dio, non si cancella se non con l'adempimento di esso; perciò gli Ebrei non si potevano sottrarre all'obbligo di offrire voti a Dio, nonostante si potesse permutare la cosa promessa a Dio. La materia del voto non può essere cambiata senza il consenso della Chiesa; inoltre la materia nuova del voto deve avere più valore di quella precedente".

I voti si devono prendere sul serio (vv. 64-84)

Risolta la questione del voto, Beatrice esorta i Cristiani a non essere sconsiderati nel fare i voti, come lo furono Ieftè ed Agamennone, i quali avrebbero potuto riconoscere di aver fatto male a far quel voto alla leggera, piuttosto che, osservandolo, macchiarsi di una colpa maggiore.

"Non siate, o Cristiani, *"come penna ad ogni vento"* e non pensate che qualunque offerta vi liberi dalla colpa. Avete i libri sacri del Nuovo e del Vecchio Testamento che vi illuminano, e il Papa come guida, e se le passioni vi consigliano diversamente, *"uomini siate e non pecore matte, / sì che il Giudeo di voi tra voi non rida!"*. Non fate come l'agnello che, lasciato il latte della madre, si sbizzarrisce a suo capriccio e nuoce a se stesso".

CIELO DI MERCURIO

Categoria dei beati	Visione dei beati	Anime
Spiriti operanti	Gli spiriti avanzano splendenti	Giustiniano

Salita al cielo di Mercurio. Gli spiriti operanti (vv. 85-139)

Finito il suo discorso, Beatrice si volge verso il Sole e il trasfigurarsi del suo volto, che si fa più luminoso, trattiene Dante che è preso dal desiderio di sciogliere nuovi dubbi. Con rapidità essi entrano nel cielo di Mercurio; qui il volto di Beatrice diventa ancora più splendente, grazie alla luminosità di quel pianeta e Dante stesso si sente trasfigurare.

Una folta schiera di anime risplendenti va incontro a Dante e a Beatrice, dicendo: *"Ecco chi crescerà li nostri amori"*, cioè colui che aumenterà in noi la virtù della carità. E via via che l'anima si avvicina ai due visitatori diviene più raggiante di letizia, avvolta dallo splendore che essa emana.

Appena il poeta vede questi spiriti è preso dall'ardente desiderio di conoscere la loro condizione. Uno di essi lo incoraggia a far domande, promettendo di rispondere a tutte le domande, poiché essi sono accesi dalla luce dell'amore divino che si estende, *"si spazia"*, per tutto il cielo. Dante allora, su invito di Beatrice, si rivolge allo spirito che ha parlato chiedendogli chi sia, dal momento che, per la luce che emana e che si diffonde dai suoi occhi, non riesce a riconoscerlo e quindi non può sapere perché si trovi nel cielo di Mercurio, quel cielo che, per la vicinanza al Sole, non è visibile agli occhi dei mortali. L'anima, che è quella di Giustiniano imperatore, diventa ancora più luminosa perché sta per rispondere e dare così prova del suo amore; tutta chiusa nella sua luce risponde *"nel modo che 'l seguente canto canta"*.

Questioni e temi

Il carattere dottrinale che prevale nel canto, si congiunge al forte accento dei sentimenti attraverso l'invettiva contro i mortali, pecore matte, che non prendano il voto *"a ciancia"*, e non siano sconsiderati. Si passa, senza difficoltà, nella seconda parte, a visioni splendide della vita paradisiaca.

Beatrice inizia a spiegare che la natura del voto è duplice: esso consta di forma e di materia. La prima è il patto stabilito con Dio e il sacrificio a Lui del proprio libero arbitrio: tale patto non può essere sostituito con un altro. La seconda, cioè la materia, può essere sostituita con un'altra purché questa sia di valore maggiore della prima, e tale permuta può avvenire solo con l'autorizzazione della Chiesa. Tutta la teoria del voto riprende quella di San Tommaso, ma Dante insiste di più sull'importanza del sacrificio della propria volontà e polemizza contro il lassismo delle autorità ecclesiastiche che spesso, e con troppa facilità, annullano i voti. E si rivolge ai Cristiani invitandoli ad una maggiore serietà di comportamento nei riguardi dei voti fatti e delle scelte religiose, e a non abbandonare mai la dottrina della Chiesa comportandosi senza oculatezza.

Anche in questo canto la luce è un elemento fortemente presente: Beatrice si fa più bella e splendente, mentre sale con Dante nella sfera più alta, quella di Mercurio, in cui risplende una sempre maggiore luminosità. Anche i beati appaiono a Dante come fonti di luce; naturalmente nella loro luce più intensa è evidente la maggiore perfezione e un più alto grado di beatitudine.

PERSONAGGI

Ieftè: giudice di Israele, fece voto a Dio che se avesse vinto gli Ammoniti, avrebbe sacrificato a Lui la prima persona che gli fosse venuta incontro al suo ritorno a casa: questa fu la figlia Mispe ed egli la sacrificò.

Agamennone: grande capitano dei Greci, per ottenere dagli dei navigazione propizia dalla città di Aulide verso Troia, fece voto a Diana di sacrificarle la più bella delle sue figlie, e sacrificò Ifigenia.

CANTO VI

Il cielo di Mercurio

Categoria dei beati	Visione dei beati	Anime
Spiriti operanti	Gli spiriti avanzano splendenti	Giustiniano Romeo di Villanova

Vita di Giustiniano imperatore (vv. 1-27)

L'anima di Giustiniano si presenta a Dante e narra la sua storia iniziando a celebrare quella di Roma, con ampio sguardo, da Enea a Costantino. "Poiché Costantino trasferì la sede dell'Impero a Bisanzio, l'Aquila imperiale, *"l'uccel di Dio"*, ivi si trattenne per duecento e più anni, e governò il mondo, passando dalle mani di un imperatore all'altro, finché giunse a me: *"Cesare fui son Giustiniano"*, che per ispirazione dello Spirito Santo riordinai le leggi. Prima di iniziare l'opera (il *Corpus iuris*) ritenevo che in Cristo fosse una sola natura, quella divina, (l'eresia di Eutiche); ma il pontefice Agapito mi guidò alla vera fede nella quale credetti ed ora mi sono chiari i suoi insegnamenti. Riconosciuta la dottrina cattolica, mi dedicai alla grande opera ispiratami da Dio e affidai la guida degli eserciti al mio generale Belisario".

Storia dell'Aquila romana (vv. 28-96)

Giustiniano dice a Dante che la risposta alla sua prima domanda è terminata, ma il tenore della risposta lo induce a fare qualche aggiunta: "Tu sai che l'Aquila dimorò in Alba Longa per altri trecento anni, finché i tre fratelli Curiazi combatterono contro i tre fratelli Orazi per essa; sai quello che il santo segno fece durante il periodo dei sette re, dal ratto delle Sabine al dolore per l'oltraggio subito da Lucrezia; sai quello che fece l'Aquila portata dai Romani contro Brenno, contro Pirro e contro gli altri principi e loro alleati, nelle quali imprese conquistarono fama Tito Manlio Torquato, Cincinnato, i Deci e i Fabi. Il santo segno abbatté l'orgoglio dei Cartaginesi che, guidati da Annibale, oltrepassarono le Alpi. E sotto il segno dell'Aquila trionfarono, ancora giovani, Scipione e Pompeo; poi all'avvicinarsi del tempo in cui il cielo volle ridurre tutto il mondo in pace (con la venuta di Cristo e la redenzione dal peccato), Giulio Cesare prese quel segno; e quello che fece nella Gallia transalpina lo videro le valli del Rodano con i loro fiumi. Con fulminea rapidità l'Aquila uscì da Ravenna e passò il Rubicone; rivolse l'esercito di Cesare verso la Spagna, poi verso Durazzo e colpì Farsalo. Rivide Antandro e il fiume Simoenta e la tomba di Ettore e con danno del re Tolomeo riprese il suo volo. Dall'Egitto, come folgore, piombò su Giuba, re della Mauritania; poi si volse a occidente contro i pompeani. Ciò che fece *"col baiulo seguente"*, cioè con Ottaviano, lo attestano Bruto e Cassio nell'Inferno e Modena e Perugia e Cleopatra che *"dal colubro la morte prese subitana e atra"*. Con Ottaviano il santo segno corse dall'Egitto fino alle coste del Mar Rosso e con lui l'Impero stabilì la pace nel mondo, tanto che fu chiuso il tempio di Giano. Ma ciò che il segno dell'Aquila, che mi induce a parlare di sé, aveva fatto fino a quel tempo e avrebbe fatto in seguito, diventa piccola cosa e insignificante nella sua realtà *"in apparenza"*, se con sguardo limpido e non velato da false passioni si contempla il santo segno nelle mani del terzo imperatore (Tiberio), perché sotto di lui si compì la Redenzione che placò l'ira di Dio. L'Aquila poi per opera di Tito *"a far vendetta corse / de la vendetta del peccato antico"* (distrusse Gerusalemme e ciò fu per gli Ebrei la punizione del martirio di Cristo). E quando i Longobardi perseguitarono la Chiesa, questa fu soccorsa da Carlo Magno, che trionfò sotto le ali dell'Aquila imperiale".

Invettiva contro i Guelfi e i Ghibellini (vv. 97-111)

"Ora – continua lo spirito – puoi giudicare dei Guelfi e dei Ghibellini, che sono la causa dei vostri mali. I primi oppongono all'Aquila l'insegna dei "gigli d'oro" di Francia; i secondi si appropriano del segno e ne fanno l'emblema di partito. Svolgono i Ghibellini la loro opera sotto un'altra insegna, perché non può seguire il santo segno chi di continuo separa l'operare con giustizia dal segno dell'Impero; e non creda Carlo II d'Angiò con i suoi Ghibellini di abbattere quest'Aquila, ma ne tema gli artigli affinché le sue colpe non possano ricadere sui suoi figli".

I beati nel cielo di Mercurio.
Romeo di Villanova (vv. 112-142)

A questo punto Giustiniano risponde alla seconda domanda di Dante, spiegando perché si trovi nel cielo di Mercurio e parla di Romeo di Villanova.

"Il cielo di Mercurio, *"Questa picciola stella"*, è ornato di spiriti buoni che operarono attivamente per il bene perché ad essi seguissero amore e fama sulla Terra. Perciò noi siamo in minor grado di beatitudine; ma, nel confrontare il nostro premio con il merito, ci sentiamo soddisfatti. In questo cielo *"dentro a la presente margarita"*, risplende l'animo di Romeo, la cui opera fu dal mondo mal compensata. Umile e peregrino fece sì che le quattro figlie di Raimondo Berlinghieri diventassero, con il matrimonio, tutte regine. Poi le calunnie mossero Raimondo a chiedere i conti a quest'uomo giusto il quale gli aveva consegnato il patrimonio accresciuto *"che li assegnò sette e cinque per diece"*. E il poveretto fu costretto a procurarsi da vivere mendicando senza che la sua virtù fosse conosciuta e lodata".

Questioni e temi

Il carattere politico del canto emerge già dai primissimi versi, in cui si parla dello spostamento della sede imperiale da Occidente (Roma) a Oriente (Costantinopoli). È il canto dell'Impero: quello dell'unità vista come disegno di Dio. Giustiniano, unico protagonista, è colui che unisce contro colui che divide, quasi un "anti-Costantino"; è l'imperatore che perseguì il fine dell'unità, lo stesso che Dio aveva assegnato all'Impero. Non a caso Giustiniano si dedica al suo *Corpus Iuris*, dopo la conversione, quando si è avvicinato alla vera Chiesa: l'Impero e la Chiesa devono procedere in perfetta comunione.

Sicuramente Dante ignorava moltissime cose di Giustiniano, perché certe affermazioni su di lui non sono giuste, ma al poeta è bastato sapere l'essenziale, cioè che l'imperatore aveva svolto la fondamentale funzione, quella di formulare le leggi, garantendo così all'Impero una unità giuridica che resisteva ancora ai tempi di Dante proprio grazie al *Corpus Iuris*. Il canto è stato talvolta definito "il canto dell'Aquila", perché Dante personifica Roma ne *"l'uccel di Dio"*, riprendendo, certamente, la figura del *Iovis Ales* dell'*Eneide* di Virgilio. Dunque l'impero romano è il modello dell'Impero.

Durante l'impero romano avvenne la redenzione, il punto teologicamente e storicamente più alto della storia dell'umanità; ma Dante non si ferma all'impero romano, ma continua la storia successiva a quella della redenzione: è la storia dell'Impero, quell'Impero rappresentato da Cesare che il poeta vede come unico imperatore, come strumento della Provvidenza, colui che fu il solo a non fare dell'Aquila un segno di parte. In mano a Cesare l'Aquila ritorna ai suoi luoghi di origine e il suo rapido movimento, lo spostarsi in tutto il mondo e la perenne vittoria sono segno del volere di Dio. Nel sesto canto, come nel sesto dell'Inferno e nel sesto del Purgatorio, si parla solo di politica e di giustizia. Nell'Inferno Ciacco ha parlato della corruzione di Firenze; nel Purgatorio, con

Sordello, c'è l'invettiva contro l'Italia che non riesce a trovare un freno all'anarchia politica, nel sesto del Paradiso l'attenzione è rivolta al mondo intero attraverso l'esaltazione dell'Aquila imperiale. E non sono da trascurare le espressioni di indignazione e di disprezzo che Dante trova sia per i Ghibellini, che fanno dell'Aquila imperiale l'insegna di partito, sia per i Guelfi, che si oppongono al sacrosanto segno: *"Faccian li Ghibellin, faccian lor arte / sott'altro segno [...] e non l'abatta esto Carlo novello / coi Guelfi suoi"*.

Accanto alla figura del "grande" imperatore, c'è quella del "piccolo", "umile" Romeo. Romeo è volutamente piccolo perché con la sua figura Dante vuole ripetere, a livello più basso, il discorso sulla necessità di compiere il proprio dovere, sia da grandi imperatori sia da umili cittadini. Perciò la storia dell'Aquila è la storia della giustizia; la storia di Romeo è l'esempio di un uomo giusto; e l'ingratitudine è il premio terreno per tutti i giusti.

Nella figura del pellegrino Romeo è evidente il riferimento autobiografico: Dante si era dedicato con amore e disinteresse alla vita politica della sua amata Firenze, ed era stato costretto all'esilio; così Romeo, dopo aver servito fedelmente il suo padrone, viene scacciato dall'invidia e dalla meschinità altrui e costretto a mendicare *"sua vita a frusto a frusto"*.

PERSONAGGI

Giustiniano: nato nel 482, imperatore nel 527, fu autore del *Corpus Iuris*. Egli si presenta a Dante in primo luogo come il riordinatore del diritto romano.

Agapito I: fu papa del 533 al 536 d.C.

Belisario: celebre capitano dell'impero d'oriente, che con la guerra contro gli Ostrogoti, riconquistò l'impero all'Italia.

Pallante: figlio di Evandro, si sacrificò combattendo per Enea, per dare all'Aquila portata da Enea il regno sul Lazio.

Lucrezia: moglie di Collatino, alla quale Sesto, figlio del re Tarquinio il Superbo, aveva usato violenza.

Romeo di Villanova: fu ministro di Raimondo Berlinghieri IV, o Berengario, ultimo conte di Provenza. Alla morte del conte, Romeo fu amministratore della contea e tutore della figlia di Raimondo, Beatrice, futura sposa di Carlo I d'Angiò.

CANTO VII

Il cielo di Mercurio

Categoria dei beati	Visione dei beati	Anime	Dubbi di Dante
Spiriti operanti	Gli spiriti avanzano splendenti	Giustiniano	La morte di Gesù Cristo. La redenzione. Le creature incorruttibili

Il canto di Giustiniano. Un dubbio. La morte di Gesù Cristo (vv. 1-51)

Finito il discorso, Giustiniano intona un canto di lode a Dio, canto misto di parole latine ed ebraiche, e velocemente riprende la danza con gli altri spiriti e insieme ad essi si allontana. Dante è preso da un dubbio; vorrebbe sapere come mai Giustiniano ha detto precedentemente che "una giusta vendetta (la morte di Cristo) fosse giustamente vendicata" (con la distruzione di Gerusalemme; cfr. canto VI, vv. 91-93), ma non trova il coraggio di manifestarlo e Beatrice, che gli legge nell'animo, guardandolo con un sorriso luminoso gli scioglie subito il nodo del dubbio spiegando i due aspetti sotto i quali si può vedere la morte di Cristo: l'uno piaceva a Dio, perché con la crocifissione di Cristo aveva liberato l'uomo dal peccato originale, l'altro dispiaceva. Per la parte che dispiaceva, Dio punì giustamente gli autori della morte di Cristo, e così cominciò: "Per non sopportare il freno posto a suo vantaggio alla sua volontà, Adamo, l'uomo nato direttamente da Dio, condannando sé, condannò tutta la sua discendenza. Perciò tutta l'umanità visse per molti secoli nel peccato originale *"in grande errore"* finché il divin Verbo discese in Terra congiungendo a sé, per opera dello Spirito Santo, nella sua stessa persona divina la natura umana che si era allontanata da Dio. L'umana natura, quando era unita a Dio, come all'atto della creazione, era pura e buona; una volta staccatasi dall'ubbidienza a Dio fu cacciata dal paradiso terrestre. La pena, dunque, della crocifissione di Cristo fu giusta, se si pone in rapporto con la natura umana assunta da Cristo; fu invece molto ingiusta se si considera la persona divina che la subì. Perciò dalla morte di Cristo nacquero affetti diversi; essa piacque a Dio e ai Giudei. Per questa morte la Terra tremò e il cielo finalmente si aprì agli uomini per l'avvenuta Redenzione. Ora non deve essere più difficile per te capire perché una giusta vendetta fu poi vendicata da Tito imperatore".

La redenzione (vv. 52-120)

Ecco un altro dubbio di Dante: perché Dio scelse la passione di Cristo per la redenzione degli uomini?. Beatrice gli spiega come la morte di Cristo fu il modo ritenuto più idoneo da Dio per redimere il genere umano: "La bontà divina ardente di carità, risplende in maniera tale da diffondere la bellezza della sua luce. Ciò che da lei è direttamente prodotto dura in eterno, è libero ed è più conforme a Dio. Di tutte queste proprietà, eternità, libertà, somiglianza a Dio, si avvantaggia la natura umana che è creata direttamente da Dio; se una di queste viene a mancare, l'anima decade dalla sua nobiltà. Solamente il peccato la toglie da questa posizione privilegiata e la rende dissimile a Dio; ed essa non ritorna nella sua nobiltà di prima se non riempie i vuoti prodotti dalla colpa con giusta penitenza. La natura umana, quando peccò tutta in Adamo, che fu il suo progenitore, fu allontanata da tutti questi privilegi e anche dal Paradiso; né poteva recuperarli se Dio non avesse perdonato all'uomo solo per la sua liberalità, *"per sua cortesia"*, o se l'uomo da se stesso non avesse riparato all'errore del suo passato. Ora l'uomo non poteva, chiuso nei suoi confini di "essere finito", mai eliminare adeguatamente il suo peccato abbassandosi con l'obbedienza, dal momento che con il disobbedire si era voluto innalzare. Solo Dio, dunque, poteva redimere l'uomo, o con la sola misericordia o con la misericordia e la giustizia insieme. La divina bontà *"fu contenta"* di agire attraverso le due vie e dal primo giorno della creazione all'ultima notte del giudizio finale, cioè per tutti i secoli, non fu né sarà mai compiuto il percorso di una natura così alta e magnifica, quale fu l'opera della redenzione dell'uomo; perché Dio si mostrò più buono e liberale verso l'uomo concedendo se stesso per far sì che l'uomo si rialzasse, che se Egli avesse, per un semplice atto di sua volontà, concesso il perdono. D'altra parte, ogni altro modo sarebbe stato inadeguato al compimento della giustizia divina, se il Figlio di Dio non si fosse abbassato, *"non fosse umiliato ad incarnarsi"*, ad assumere natura umana".

Le creature incorruttibili (vv. 121-148)

Beatrice ai vv. 67-69 di questo canto aveva detto che le cose create direttamente da Dio sono eterne e Dante si chiede: "Come mai gli elementi, acqua, fuoco, aria e terra, pure creati da Dio, sono corruttibili?". Beatrice fa notare come gli Angeli e i cieli, creati direttamente da Dio, sono incorruttibili; gli elementi e le cose che da essi si formano provengono, invece, da altra virtù già creata da Dio, perciò sono corruttibili. L'anima dei bruti e delle piante riceve l'azione delle stelle; l'anima umana è creata direttamente da Dio e pertanto è immortale. Da qui si può dedurre la necessità della resurrezione dei corpi, se si pensa che l'umana carne fu fatta direttamente da Dio quando furono creati Adamo ed Eva.

Questioni e temi

Anche questo, come il precedente, è un canto dottrinario. Il tema è ancora quello della giustizia di Dio e della sua manifestazione nel mondo. La giustizia divina si è manifestata nella punizione di Adamo, nella incarnazione e crocifissione di Cristo, nella punizione degli Ebrei e infine nella perfezione degli esseri creati direttamente da Dio.

È da sottolineare il tema dell'amore divino: la giustizia di Dio è vista soprattutto come carità, come amore per l'uomo fino al punto di sacrificare il proprio Figlio unigenito.

In tutto il canto domina la figura di Beatrice che impartisce una lezione di tono didattico; le anime sono sparite; Dante e Beatrice sono soli, alle prese con problemi che riguardano l'intera storia umana.

Beatrice formula i temi e le possibili obiezioni all'argomento e invita spesso il "discepolo" a seguire con attenzione i passaggi del ragionamento: *"e tu ascolta ché le mie parole / di gran sentenza ti faran presente"* e ancora: *"Ficca mo l'occhio per entro l'abisso / de l'eterno consiglio, quando poi / al mio parlar distrettamente fisso"* dove il prefisso *di-* (*strettamente*) ha valore rafforzativo.

È da notare che tutto il discorso è basato, volutamente, sul ragionamento.

Di particolare importanza è la prima terzina in cui Dante, per conferire sacralità e grandiosità all'intero canto, ha mescolato parole latine a parole ebraiche: la lingua latina e quella ebraica sono le lingue della Chiesa e della Bibbia.

Alla base di tutto il discorso c'è l'invito al ragionamento e alla partecipazione di chi ascolta, perché Dante è convinto, e vuole convincere, che il Paradiso è il regno dove trionfa l'intelletto illuminato che conosce.

CANTO VIII

Il cielo di Venere

Categoria dei beati	Visione dei beati	Anime	Dubbi di Dante
Spiriti amanti	Luci che si muovono rapidamente in giro	Carlo Martello	I figli diversi dai padri. Cause delle varie indoli

Ascesa al cielo di Venere. Gli spiriti amanti (vv. 1-39)

Dante spiega come sia stato dato il nome di Venere al pianeta. Afferma che durante il periodo del paganesimo la bella stella di Venere, *"la bella Ciprigna"*, così detta perché nata a Cipro, volgendosi al terzo epiciclo, diffondeva con i suoi raggi l'amore dei sensi, per la qual cosa le antiche genti, avvolte nell'errore del paganesimo, non solo onoravano lei con sacrifici e con invocazioni, ma onoravano anche Dione come madre di Venere e Cupido come suo figlio e raccontavano anche che quest'ultimo se ne stette seduto in grembo a Didone. Dante non si accorge di salire sul pianeta, ma vedendo accresciuta la bellezza di Beatrice, capisce che ormai è già dentro. E come in due voci che cantino insieme si distingue l'altra voce se una sta ferma su una nota e la seconda invece si alza e si abbassa, così Dante vede nello splendore del cielo di Venere altre luci muoversi in giro più o meno veloci, proporzionalmente alla maggiore o minore intensità della loro visione eterna di Dio; e poi se le vede venire incontro con la velocità del vento, lasciando la danza che hanno iniziata nell'Empireo insieme con i Serafini. E dall'interno di quei *"lumi"* che sono apparsi avanti agli altri, rimane la parola "Osanna" con un canto tanto dolce che in Dante persiste sempre il desiderio di ascoltarlo. Una di quelle anime dice al poeta che esse sono pronte ad appagare il suo desiderio, perché egli gioisca di loro, e aggiunge che tutte girano insieme con i Principati, la gerarchia angelica che dà moto al cielo di Venere.

Carlo Martello (vv. 40-93)

Dante, ottenuto da Beatrice il permesso di parlare, rivolto all'anima che gli si è fatta innanzi con una voce animata da un grande sentimento d'amore, le chiede chi sia. L'anima, divenuta più lucente, così risponde: "Io vissi poco nel mondo, dove, se avessi avuto una vita più lunga, molto del male che accadrà non accadrebbe. La luce in cui risplende la mia beatitudine e che si diffonde intorno a me, ricoprendomi come fossi un baco da seta, mi tiene nascosto a te. Tu mi amasti molto, *"e avesti ben onde"*; perché se io fossi stato più a lungo sulla Terra, la mia amicizia non si sarebbe manifestata solo con le parole, ma anche con i fatti. La parte meridionale della Provenza e dell'Italia meridionale già mi aspettavano come suo signore. Già mi splendeva sulla fronte la corona di Ungheria, e la Sicilia avrebbe atteso ancora i suoi legittimi signori nei miei discendenti, se un cattivo governo, che sempre rattrista i popoli sottomessi, non avesse spinto la popolazione di Palermo alla rivolta dei Vespri siciliani. E se mio fratello Roberto potesse prevedere i pericoli della mala signoria, fin da ora allontanerebbe da sé i funzionari e i soldati avidi della Catalogna, perché non gli nuocessero. Egli che ereditò la natura avara del suo animo da un padre generoso avrebbe bisogno di funzionari che non pensassero di riempire il proprio scrigno a danno degli altri".

Dante, nel ringraziare Carlo Martello delle notizie che gli ha fornite e della gioia che gli ha procurato, gli chiede ancora spiegazione di un altro dubbio: *"com'esser può di dolce seme amaro"*, cioè come derivare da un seme dolce alcunché di amaro.

I figli degeneri. Causa delle varie indoli (vv. 94-148)

Lo spirito risponde: "Il Sommo Bene, Dio, che fa girare il regno dei cieli, fa che la sua provvidenza divenga nei cieli una potenza emanante da essi che poi influisce sui corpi inferiori; e non solo provvede alle varie nature, ma anche alla loro conservazione; per cui le influenze dei cieli sono disposte ad un fine già previsto. Se ciò non fosse, diverse sfere del cielo, che tu stai attraversando, produrrebbero effetti tali che non sarebbero opere ordinate, ma rovine e disordine, e le Intelligenze motrici sarebbero imperfette, come sarebbe imperfetto Dio, la qual cosa è assurda. E poiché l'uomo è nato per vivere in società, nella quale occorrono diversi uffici, così diverse devono essere le attitudini degli uomini. L'influenza dei cieli, nell'imprimere queste varie attitudini nei mortali, non distingue il luogo né l'origine, perciò Esaù e Giacobbe, pur gemelli, furono di indole diversa. Se la Provvidenza non disponesse così, la natura dei generati sarebbe simile a quella dei genitori. Ora la verità che ti era dietro alle spalle ti sta davanti agli occhi. Ma perché tu sappia che io ti amo, voglio che un corollario ti copra come un manto. La natura fa cattiva riuscita se trova la fortuna avversa, come succede ad un seme piantato in una terra non sua. Se gli uomini stessero attenti alle inclinazioni, certo la società sarebbe migliore. Invece si porta al sacerdozio colui che è predisposto alla carriera delle armi, mentre si fa re uno che è più adatto a fare prediche, per cui la via che voi uomini seguite, non è quella giusta".

Questioni e temi

In questo canto, al tema dell'amicizia e dell'amore cortese si aggiunge la polemica contro i principi che non sono all'altezza del compito loro assegnato.

Con l'apparizione delle anime ritorna il tema della luce. Esse emanano una luminosità tale da non essere riconosciute. Dante si accorge di essere salito nel cielo di Venere solo dalla accresciuta bellezza di Beatrice.

Venere, simbolo del "folle" amore dell'antichità pagana, qui non è la dea né il cielo, ma rappresenta la potenza dei Principati, le Intelligenze motrici; è quell'amore che da "folle", cioè antico e privo della conoscenza di Dio, è stato reso puro dalla grazia divina.

Proprio perché incentrato sull'amore, il canto tratta dell'amicizia, assimilata all'amore e alla carità, tra Dante e Carlo Martello. Dante rievoca la figura di Carlo Martello in un'atmosfera di ricordi amichevoli e studi comuni. Pare che il poeta abbia conosciuto Carlo Martello durante il suo soggiorno fiorentino, come risulta dalle dichiarazioni di intima amicizia nei versi 55-57: *"Assai mi amasti, e avesti ben onde; / ché s'io fossi giù stato, io ti mostrava / di amor più oltre che le fronde"*.

Carlo Martello, dopo aver accennato alla cattiva signoria degli Angioini, biasimando soprattutto l'avarizia del fratello Roberto d'Angiò, passa a spiegare la prima importante applicazione reale delle influenze celesti.

Dio dispone, attraverso le Intelligenze celesti, che ogni cosa vada verso un fine predestinato; attraverso l'influsso delle Intelligenze angeliche, ogni essere si caratterizza in modo individuale per poter raggiungere gli scopi per i quali è stato creato. Ciascun uomo, perciò, possiede sin dalla nascita la tendenza ad un determinato ruolo; pertanto solo assecondando le disposizioni naturali egli può realizzare il suo compito.

Gli uomini che non seguono la loro *"disposizione"* creano

nell'universo un grande disordine perché si oppongono a che le diverse nature si muovano, *"per lo gran mar dell'essere* (Canto I, v. 113)" del disegno complessivo di Dio.

Contro la corruzione morale del mondo, Dante rivendica ancora una volta l'armonia perfetta dell'ordine universale voluto da Dio, e sottolinea la noncuranza degli uomini che non seguono il disegno divino.

Qui è evidente il disprezzo nei confronti della casata degli Angioini, per la capacità politica di cui essa ha dato prova e che viene ribadita alla fine del canto dove si dice che si costringe a regnare chi doveva fare il prete o viceversa, alludendo forse proprio a Roberto d'Angiò.

Solo tornando agli ideali di carità che hanno mosso il giovane Carlo Martello, gli uomini potranno compiere il destino che, attraverso gli influssi dei cieli, Dio ha assegnato loro. Solo così il mondo potrà essere nella giusta via, quella che Giustiniano per bocca dell'Aquila divina aveva indicato.

PERSONAGGI

Carlo Martello: figlio primogenito di Carlo II d'Angiò e di Maria figlia di Stefano V di Ungheria, doveva succedere al padre nel regno di Napoli e nella signoria di Provenza, ma morì giovanissimo, pare solo a venticinque anni. Nella sua breve vita fu incoronato re di Ungheria. Fu amico di Dante che conobbe quando venne a Firenze per incontrare i genitori che tornavano dalla Francia.. (Dalla testimonianza del Villani).

Canto IX

Il cielo di Venere

Categoria dei beati	Visione dei beati	Anime
Spiriti amanti	Luci che si muovono rapidamente in giro	Carlo Martello. Cunizza da Romano. Folco da Marsiglia. Raab

Profezia di Carlo Martello. Cunizza da Romano (vv. 1-36)

Dante immagina di rivolgersi alla figlia di Carlo Martello, Clemenza, dicendo come questi, dopo avergli chiariti i suoi dubbi, gli narrasse le frodi di cui sarebbero stati vittime i suoi figli, "*sua semenza*", e predicesse il giusto castigo ai colpevoli. Appena l'anima di Carlo Martello, rivoltasi a Dio, si è dileguata, ecco che un altro di quei lumi avanza e, risplendendo sempre più, si dice pronto a compiacere il poeta. Dante, avuto il consenso di Beatrice, chiede allo spirito chi sia, e questi, manifestandosi, risponde che in quella parte della corrotta Italia, che è situata tra Rialto (Venezia) e le sorgenti dei fiumi Brenta e Piave, e cioè nella Marca Trevigiana, si alza il colle Romano, da cui discese Ezzelino III che conquistò con la sua ferocia il territorio circostante. "Io e quella "*facella*" – così l'anima prosegue – nascemmo dagli stessi genitori: "*Cunizza fui chiamata, e qui rifulgo, perché mi vinse il lume d'esta stella*", fui soggiogata dall'influsso del cielo di Venere; ma della disposizione che ebbi ad amare non mi rammarico, perché proprio grazie a ciò sono in questo luogo di beatitudine".

Profezia di Cunizza (vv. 37-63)

"Quest'anima che più mi sta vicina, continua Cunizza, ha lasciato grande e duratura fama; l'uomo deve eccellere per le sue virtù per rimanere vivo nella memoria dei posteri ed acquistare celebrità. A questo desiderio di giusta fama non pensa il volgo della Marca Trevigiana e nemmeno mostra di pentirsi dei suoi peccati, nonostante sia colpita da malanni e sventure. Presto, però, avverrà che la città di Padova, per essere la sua popolazione restia alla soggiogazione dell'imperatore, cambierà, con il proprio sangue, in rossa l'acqua del fiume che bagna Vicenza".

Lo spirito continua la sua profezia di sciagure alludendo alla morte violenta di Riccardo da Camino, signore di Treviso, e al funesto tradimento ordito dal vescovo Alessandro Nasello ai danni dei Ferraresi.

Cunizza termina il suo discorso ribadendo la veridicità delle sue parole circa la profezia, perché esse sono ispirate ai beati dalla giustizia divina attraverso le "Intelligenze angeliche" dette anche Troni.

Le anime di Folco da Marsiglia e Raab (vv. 64-126)

Ciò detto, Cunizza rientra nella danza circolare degli altri spiriti e si fa innanzi un'altra anima, da lei già indicata come cosa preziosa. A quest'anima splendente, simile ad un rubino in cui batte il sole, Dante si rivolge per chiedere di soddisfare il suo desiderio, che ella ben conosce, e cioè di manifestarsi. Lo spirito dice di essere vissuto a Marsiglia, sulla riva del Mediterraneo, nel tratto compreso tra la foce del fiume Ebro in Spagna e la foce del Magra in Italia, mare che nell'ultimo tratto per un breve percorso divide il territorio della Liguria da quello della Toscana. Il suo nome è Folco e si trova nel cielo di Venere, di cui ricevette gli influssi sulla Terra, dove arse molto dal sentimento d'amore. Qui si volge lo sguardo direttamente all'opera di Dio, che rende belle le mirabili cose create e fa sì che si conosca il buon fine per il quale il mondo delle opere celesti gira intorno, distribuendo i suoi influssi, al mondo terreno sottostante. Inoltre, per soddisfare ogni desiderio di Dante, Folco svela di chi è l'anima che brilla nella luce a lui vicina. È Raab, la peccatrice di Gerico che favorì la prima gloriosa vittoria di Giosuè in Terra Santa, della quale ora il Papa poco si ricorda.

Invettiva contro l'avarizia dei prelati (vv. 127-142)

Qui Dante prende lo spunto dall'accenno fatto alla Terra Santa per inveire contro i prelati dediti alla vita mondana e fa pronunciare a Folco queste parole: "La tua città, fondata dal diavolo, conia e diffonde nel mondo il maledetto fiorino d'oro che ha allontanato dalla retta via il gregge dei fedeli, poiché ha trasformato il pastore in lupo; per questo sono stati lasciati in disparte l'insegnamento del Vangelo e i Santi Padri e si guarda solo allo studio del diritto economico con tanto zelo che questo appare dai margini dei libri dei Decretali (testi di diritto canonico). Gli uomini di Chiesa volgono il loro pensiero alle ricchezze e non all'umile casa di Nazareth, dove l'arcangelo Gabriele indirizzò il suo volo per dare l'annuncio alla Vergine Maria. Ma presto il Vaticano e le altre parti insigni di Roma, tombe dei martiri e dei santi, saranno liberi dalla contaminazione del sacro con il profano, degli interessi religiosi con la cupidigia mondana".

Questioni e temi

Al tema dell'amicizia e dell'amore cortese, la cui trattazione è cominciata nel canto precedente, si unisce ora la polemica contro principi e religiosi non all'altezza del loro compito.

Questo secondo ed ultimo canto dedicato al cielo di Venere, ruota intorno alla figura muta di Raab e a quelle di Cunizza e di Folco, figure, queste ultime, che continuano a fare profezie, così come aveva iniziato Carlo Martello. Tutti esprimono il loro sdegno contro i nemici della politica imperiale, per i quali presto ci sarà la punizione di Dio. Cunizza da Romano, Folchetto di Marsiglia e Raab testimoniano la forza delle amorose influenze celesti che, se male assecondate, possono risolversi in eccessiva passione carnale; ma essi, dopo una prima parte di vita trascorsa in peccato, si sono riscattati con gesti, parole e pensieri, e sono giunti in questo cielo relativamente basso, nel quale godono dell'essenza positiva di Venere, che deriva dall'amore di Dio.

Inoltre, servendosi di questi spiriti infiammati d'amore di carità, Dante ritorna sull'aspetto politico dell'amore e soprattutto sulla denuncia del disordine etico-politico del Veneto, di Firenze e della Curia papale. La colpa di tutto questo disordine è la maledetta cupidigia, *"il maledetto fiore"*, cioè il fiorino, strumento essenziale di ogni corruzione, che Firenze produce e diffonde.

La denuncia della corruzione dovuta all'avidità prende il via dal canto VI con il discorso di Giustiniano, continua nei canti VII ed VIII nelle parole di Carlo Martello, per allargarsi in questo canto, da Napoli a Verona e alla Marca Trevigiana, grazie a Cunizza con la sua invettiva contro coloro che si ribellano all'Impero. Folco, con dure parole inveisce contro il Papa, che pensa solo al guadagno, e contro Firenze, produttrice del suo fiorino.

La caratteristica dell'incendio d'amore è evidente anche nella figura di Raab, la meretrice di Gerico. Il suo amore è tanto grande ed eroico che ella diventa la figura della Chiesa. Come Raab fu salvata dalla distruzione di Gerico, così la Chiesa sarà salvata con la punizione del mondo corrotto.

Nel canto colpisce l'uso del linguaggio duro, quello delle invettive, del quale Dante si è servito già nelle due cantiche precedenti.

PERSONAGGI

Cunizza da Romano: figlia di Ezzelino II e di Adelaide degli Alberti e sorella di Ezzelino III, della famiglia dei "da Romano", signori di Treviso nella Marca Trevigiana. Fu donna dai molti amori: andò sposa tre volte e fu amica e amante del celebre trovatore Sordello da Goito. Ebbe fama di donna dissoluta, ma nell'ultima parte della sua vita la sua passione amorosa si convertì in opere di bene e vita pia.

Folchetto da Marsiglia: celebre trovatore provenzale di famiglia genovese, visse nella seconda metà del XII secolo;. Cantò la passione ardente d'amore, ottenendo il favore di molte donne. Alla fine della sua vita fu monaco, vescovo di Tolosa e persecutore degli Albigesi.

Raab: personaggio biblico. È la peccatrice di Gerico che accolse e nascose gli esploratori di Giosuè nella città, permettendo la vittoria di Giosuè nella Terra Santa. La sua casa fu risparmiata dalla distruzione e la peccatrice fu assunta in cielo.

Canto X

Il cielo del Sole

Categoria dei beati	Visione dei beati	Anime
Spiriti sapienti	Tre corone concentriche di vivi fulgori che cantano e danzano	S. Tommaso. Alberto Magno. Graziano. Pier Lombardo. Salomone. Dionigi l'Areopagita. Paolo Orosio. Boezio. Isidoro. Beda. Riccardo da S. Vittore. Sigieri

L'ordine della creazione (vv. 1-27)

Dante, prima di procedere nella descrizione della sua ascesa attraverso i cieli, eleva un inno alla mirabile opera divina nell'ordine del creato. Dice che la Creazione è opera di tutte e tre le persone della SS. Trinità: del Padre, che è la suprema Potenza; del Figlio, che è la Sapienza e dello Spirito Santo, l'Amore che procede eternamente dal Padre e dal Figlio. Aggiunge che tutto ciò che nel creato si vede o si intende fu fatto con tanto ordine, che chiunque lo consideri non può non gustare la grandezza di Dio. Perciò Dante invita il lettore ad innalzare con lui *"la vista"* alle opere celesti e soprattutto a quella parte del cielo dove si incontrano Equatore e Zodiaco. Quel punto offre la possibilità di abbracciare il creato, cominciare a contemplare l'opera, *"a vagheggiar ne l'arte"*, di quell'artefice, Dio, che specchiandola nel suo intimo l'ama tanto che non cessa mai di vigilarla. Faccia attenzione il lettore ai punti equinoziali e alla obliquità dello Zodiaco necessaria per gli influssi dei vari pianeti, per l'attività della Terra e per la compiutezza dell'ordine cosmico. Il poeta continua ad esortare il lettore a riflettere sulle cose di cui ha dato solo un assaggio: *"Messo t'ho innanzi: ormai per te ti ciba"*, se vuole trarre dallo studio la debita soddisfazione.

Salita al cielo del Sole (vv. 28-63)

Dante è già nel cielo del Sole, ma non si è accorto di esser salito in esso, allo stesso modo come l'uomo non s'accorge, prima che sorga un pensiero, del sopraggiungere di questo: *"non m'accorsi, se non com'om s'accorge, anzi 'l prima pensier, del suo venire"*.

Tutto merito di Beatrice, dice Dante, che guida di cielo in cielo con tanta rapidità che non è percepibile nel tempo. Il poeta confessa che, nonostante chiami in aiuto tutto il suo ingegno, non è capace di descrivere come le anime nel Sole siano così splendenti, non per diversità di colore, ma per intensità di luce. Non c'è da meravigliarsi perché l'occhio umano non ha mai percepito una luce superiore a quella del sole, *"che sopra 'l sol non fu occhio ch'andasse"*. Così lucente è la schiera delle anime beate del quarto cielo, che Dio le appaga permettendo loro di contemplare il mistero della Divina Trinità, cioè come il Padre genera il Figlio, e dal Padre e dal Figlio nasce lo Spirito Santo. A questo punto Beatrice esorta Dante a ringraziare Dio, ed egli lo fa con tanto fervore e raccoglimento da dimenticare la sua dama, la quale sorride compiaciuta.

Le anime dei sapienti. La Corona di dodici Dottori. Incontro con S. Tommaso (vv. 64-148)

Dante, intanto, vede muoversi intorno a lui e a Beatrice una schiera di anime a forma di corona, che, per splendore, superano la stessa luce del Sole. Le anime cantano con una voce di indicibile dolcezza. Nel Paradiso, dice Dante, si trovano molte cose tanto perfette e tanto belle che, una volta fuori, non se ne può dare l'immagine. Il canto di quelle anime è una di queste cose e chi non si riveste di ali per poter arrivare fino al Paradiso, aspetti pure notizie di quel luogo da un muto, cioè non le avrà mai. Dopo che queste anime hanno girato tre volte intorno ai due pellegrini formando un circolo perfetto, si fermano. Dante ha l'impressione di vedere delle donne che, senza interrompere l'atteggiamento di danza, rimangono in silenzio in attesa di nuove note musicali che segnino la ripresa della danza. A questo punto una voce soave comincia a parlare: "Poiché la grazia divina risplende tanto in te, che ti concede di salire ancor vivo in Paradiso, nessuna di queste anime può rifiutarsi di soddisfare il tuo desiderio di conoscere di quali anime è formata questa corona che ti sta intorno. Devi sapere che *"Io fu de li agni de la santa greggia / che Domenico mena per cammino / u' ben s'impingua se non si vaneggia"*; cioè: io appartenni all'ordine di quei frati che seguono la regola di S. Domenico, secondo la quale ci si arricchisce di beni spirituali se non si va dietro a cose vane, ai beni terreni. Il mio nome è Tommaso d'Aquino, alla mia destra c'è Alberto Magno di Colonna che fu confratello e mio maestro. Se mi seguirai con lo sguardo ti indicherò tutti gli altri. L'altra luce è quella di Graziano, che conciliò le leggi civili con quelle ecclesiastiche. L'altro è Pietro Lombardo, che offrì la sua *Summa Theologiae*, come la poverella del Vangelo di Luca offrì a Cristo tutto quello che possedeva. La quinta luce è quella di una anima che ebbe in vita un tale profondo sapere da superare tutti: Salomone; *"saver fu messo che se 'l vero è vero / a veder tanto non surse il secondo"*. Segue l'anima di Dionigi l'Areopagita, che conobbe e spiegò, meglio di ogni altro, la natura e l'ufficio degli Angeli. Nell'altra piccola luce splende Paolo Orosio, il difensore della religione cristiana, degli scritti del quale si servì S. Agostino. Nell'ottava luce gode, a causa della vista che ha di Dio, l'anima di Severino Boezio che rende chiara la fallacia del mondo terreno a chi bene intende gli insegnamenti della sua opera: *"a chi di lei ben ode"*. Il suo corpo è sepolto nella chiesa di S. Pietro in ciel d'oro a Pavia e dopo il martirio e l'esilio terreno giunse alla pace del Paradiso. Vedi oltre risplendere gli spiriti di Isidoro, di Beda e di Riccardo da S. Vittore. L'ultimo è Sigieri che, insegnando all'università di Parigi, dimostrò verità che suscitarono l'altrui invidia".

Finito il discorso di S. Tommaso, la corona di spiriti riprende, con il canto e il movimento, la rappresentazione paradisiaca. Dante paragona il movimento della corona dei dodici beati a quello delle ruote dell'orologio che, spingendosi l'un l'altra, riescono a far suonare la sveglia, così come il canto delle anime risuona di una dolcezza tale che non si può ascoltare se non in Paradiso.

Questioni e temi

Il canto decimo presenta due atteggiamenti dell'anima dantesca. In esso è espressa l'assoluta inferiorità dell'uomo dinanzi al soprannaturale, alla quale si mescola una spiegazione della vita del cosmo (vv. 13-21). Vi è poi la celebrazione della sapienza cristiana attraverso l'elenco dei teologi e dei filosofi.

Con il cielo del Sole, nel quale si entra con il decimo canto, iniziano le grandi coreografie formate dalle anime dei beati, che si presentano via via sotto forma di corone concentriche che girano armoniosamente. La caratteristica di questo cielo è il cerchio; nel successivo cielo di Marte sarà la croce; in quello di Giove la testa dell'Aquila; in Saturno i gradini di una scala d'oro. Tali figure stanno a sottolineare l'ordine del Paradiso, cioè la perfetta e libera aderenza dell'anime al volere di Dio, come è evidente nei primi ventisette versi di questo canto.

Nel cielo del Sole si trovano gli spiriti sapienti per esaltare la dolcezza che deriva dalla scienza, che conosce l'ordine universale dato da Dio al Cosmo e che perciò innalza l'uomo dai semplici fenomeni naturali alla contemplazione di Dio.

Il meraviglioso ordine della creazione si oppone al disordine mondano, di cui si è detto nel canto precedente, e la rappresentazione dell'ordine è certamente una esplicita condanna di quella situazione mondana.

Il miracolo dell'ordine universale è opera della potenza, dell'amore e della Trinità. L'amore divino, quindi, è alla base di tutto: Dio, come Trinità, ha creato con amore, e con amore Egli governa il mondo.

Qui l'amore si manifesta sotto forma di sapienza: sapienza di Dio che ha creato il mondo e sapienza cristiana degli uomini. I beati di questo cielo sono i ministri della sapienza cristiana, i filosofi che conobbero la verità con la ragione e i teologi che la conobbero grazie alla fede.

Dante ci presenta tra gli spiriti sapienti S. Tommaso e, più avanti, S. Bonaventura.

Entrambi sono i maggiori rappresentanti della Chiesa moderna, quella non corrotta dei papi; ma soprattutto essi sono i rappresentanti di due diversi pensieri: S. Tommaso rappresenta l'indirizzo aristotelico-razionalista, S. Bonaventura quello mistico-agostiniano e fondamentalmente platonico.

Nell'ordine dei cieli gli indirizzi filosofici, a differenza di ciò che accade sulla Terra, camminano concordemente; ciò spiega la presenza tra questi beati del filosofo averroista Sigieri di Brabante.

PERSONAGGI

S. Tommaso: Tommaso dei conti d'Aquino, il più grande esponente della scolastica; nato a Roccasecca presso Montecassino nel 1226, morì nel 1274. Sommo filosofo e teologo, fu l'ordinatore della filosofia e della teologia medievale, autore della *Summa Theologiae* e della *Summa contra gentiles*, che sono come una vasta enciclopedia del pensiero cristiano medievale. Fu frate domenicano e scolaro, a Parigi e a Colonia, di Alberto Magno. Insegnò teologia a Colonia, Parigi e Napoli. Fu detto: *"doctor angelicus"*.

Alberto Magno: grande filosofo e teologo bavarese; studiò in Italia, si fece domenicano nel 1222. Insegnò a Parigi e a Colonia. La sua filosofia concilia l'aristotelismo con la dottrina cristiana. Fu detto *"doctor universalis"*.

Francesco Graziano: monaco camaldolese e giureconsulto all'università di Bologna; compilò il *Decretum* in cui si conciliano le leggi ecclesiastiche e le leggi civili.

Pietro Lombardo: di Novara, vescovo a Parigi, autore di quattro libri delle *Sentenze*, che furono testo ufficiale di scienza scolastica nelle scuole.

Salomone: figlio di Davide, autore del *Cantico dei Cantici*; re di Israele, proverbiale per la sua sapienza.

Dionigi l'Areopagita: convertito da S. Paolo al cristianesimo; primo vescovo di Atene, subì il martirio nel 95 d.C. A lui furono erroneamente attribuite molte opere, tra cui il *De caelesti hierarchia*.

Paolo Orosio: sacerdote spagnolo del V secolo, autore di un'opera contro i pagani: *Historiarum libri VII adversus Paganos*, una sorta di storia universale in cui si fa la difesa del cristianesimo.

Severino Boezio: romano, nato circa nel 470 d.C. Fu imprigionato e condannato a morte da Teodorico, re degli Ostrogoti che lo sospettò di tradimento. In prigione compose la sua famosa opera: *De consolatione philosophiae*, in cui dimostra di trovare conforto alle sue disgrazie nella filosofia e afferma che il vero rifugio dell'uomo sono i beni spirituali. Fu sepolto nella basilica di S. Pietro in ciel d'oro a Pavia.

Isidoro: vescovo di Siviglia, nato a Cartagena nel 560 circa, morto nel 626; fu noto per una delle più famose enciclopedie medievali in venti libri: *Originum seu Ethimologiarum*.

Beda: detto il Venerabile, dotto religioso inglese.

Riccardo di S. Vittore: scozzese del XII secolo; priore della celebre abbazia di S. Vittore presso Parigi. Appartiene alla scuola dei mistici di cui fu fervido sostenitore. Fu detto *"Magnus contemplator"*.

Sigieri di Brabante: filosofo del XIII secolo, professore a Parigi, convinto averroista, fu spesso in polemica con S. Tommaso e con Alberto Magno. Sospettato di eresia andò a Roma per discolparsi, ma ad Orvieto fu ucciso da un suo segretario. Egli si avvaleva del principio delle due verità, per cui come credente ammetteva la creazione dal nulla, come filosofo negava, rifiutando pure l'immortalità dell'anima.

Canto XI

Il cielo del Sole

Categoria dei beati	Visione dei beati	Anime	Dubbi di Dante
Spiriti sapienti	Tre corone concentriche di vivi fulgori che cantano e danzano	Cfr. canto X	Superiorità di Salomone

Vanità delle cose terrene. Due dubbi (vv. 1-27)

Dante, deplorando il comportamento degli uomini che si lasciano attrarre dai beni fugaci esclama: *"O insensata cura dei mortali, / quanto sono difettivi sillogismi / quei che ti fanno in basso batter l'ali!"*. "O attività prive di senno degli uomini, quanto sono manchevoli i ragionamenti, le convinzioni, che impediscono di innalzarsi a Dio. Chi procedeva nella vita occupato nell'attività legale, chi nell'attività medica – la scienza della medicina si ispirava agli *Aforismi* del greco Ippocrate – chi procedeva mirando a conseguire uffici ecclesiastici, chi cercando di godere del potere, o con la violenza o con gli inganni, chi volgendosi a rubare e chi ad esercitare pubbliche faccende, chi si lasciava travolgere dalle fatiche d'amore, avvolto nei piaceri dei sensi, mentre io, sciolto da tutte queste basse preoccupazioni mondane, ero penetrato nella vita dei cieli in modo glorioso".

Intanto ciascuna anima della corona dei beati danzanti era tornata nel punto del cerchio in cui si trovava prima di riprendere a girare, si ferma al suo posto, immobile, come immobile è una candela fissa al suo candeliere. Dante sente venire da una di quelle luci una voce che comincia a parlare. È l'anima di S. Tommaso, che continua il discorso facendosi sempre più splendente: "Così come io risplendo in virtù del raggio della luce eterna, allo stesso modo io, volgendo lo sguardo a questa luce, capisco da dove derivino i tuoi dubbi. Tu vuoi sapere più chiaramente il significato di quello che ho detto poco fa: *"u' ben s'impingua"* e *"non surse il secondo"*; e a proposito di questi due dubbi, è necessario che si proceda con opportune distinzioni per chiarirli". Qui S. Tommaso, per spiegare il primo dubbio, inizia la storia dei due ordini: il francescano ed il domenicano.

Nascita e vita di S. Francesco d'Assisi e il suo amore per la povertà (vv. 28-117)

"La divina provvidenza fece nascere due capi – continua S. Tommaso – affinché la Chiesa, che è la sposa di Gesù Cristo, procedesse con maggiore sicurezza e con maggiore fedeltà allo sposo. Costoro furono i fondatori di due ordini, il francescano e il domenicano. Essi si posero l'uno da una parte, l'uno dall'altra a fare da guida: S. Francesco con l'amore, S. Domenico con la sapienza: *"L'un fu tutto serafico in ardore; / l'altro per sapienza in Terra fue / di cherubica luce uno splendore"*.

Dirò solo del primo perché celebrando uno si celebra l'altro, poiché le loro opere furono rivolte allo stesso fine, cioè alla salvezza della Chiesa.

Fra il fiume Tupino e il fiume Chiascio che scende dal colle di Gubbio, dove andò eremita Ubaldo Baldassini, vescovo di Gubbio, pende una fertile costa dal monte Subasio, dal quale Perugia nella sua parte orientale riceve venti freddi e d'estate il riverbero del suo calore. Dietro a questa costa del Subasio, si dolgono per l'incombenza della montagna, *"per grave gioco"*, le città di Nocera e di Gualdo. Da questa pendice venne al mondo S. Francesco, che fu come la luce di un nuovo Sole.

Perciò chi vuol parlare di questo luogo non dica Assisi, perché si esprimerebbe in maniera inadeguata, *"ché direbbe corto"*, ma dica oriente.

Ancor giovinetto – continua S. Tommaso parlando di San Francesco – diede segni di grande virtù; infatti venne in contrasto col padre a causa di una donna – la Povertà – che nessuno accoglie di buon grado così come non accoglie la morte. Egli, dinanzi alla curia vescovile e alla presenza del padre, dichiarò di sposarsi con la Povertà, e da quel giorno l'amò sempre di più. La Povertà, privata del suo primo sposo, Gesù Cristo, era rimasta disprezzata e sconosciuta per più di mille e cento anni. Non valse a far nascere amore per la Povertà negli uomini il sentir dire che Cesare l'aveva trovata in compagnia dell'umile pastore Amiclate, né era servito il suo atteggiamento coraggioso e fiero salendo con Cristo sulla croce, mentre Maria rimaneva ai piedi.

Ma perché il mio parlar sia chiaro, intendi che questi due amanti furono S. Francesco e la Povertà. La costante concordia, i loro volti lieti, *"lor lieti sembianti"*, e la dolcezza del loro sguardo, erano causa di santi pensieri negli uomini tanto che, dietro il sublime esempio, si scalzano Bernardo da Quintavalle, Egidio e Silvestro. Da Assisi Francesco andò a Roma con la sua sposa e con i suoi seguaci, che già si cingevano i fianchi con *"l'umile capestro"*, la corda simbolo di umiltà.

Non si vergognò della sua vile condizione né del suo aspetto spregevole, ma con dignità manifestò il suo proposito al pontefice Innocenzo III, il quale gli concesse il riconoscimento della sua regola. Quando l'ordine francescano, che aveva stabilito come sua regola la più assoluta povertà, si sviluppò, ebbe una seconda approvazione dallo Spirito Santo che parlò attraverso il papa Onorio III. Poi Francesco, mosso dal desiderio di divulgare la sua fede, si spinse tra i Saraceni a predicare la religione di Cristo anche alla presenza del sultano. Per aver trovato avverso il popolo ad ogni tentativo di conversione, per non rimanere lì senza cogliere alcun frutto, preferì tornarsene in Italia e, sull'aspro e inaccessibile monte della Verna di Casentino, tra le sorgenti del Tevere e dell'Arno, ebbe da Cristo l'impronta delle sacre stimmate, che portò per due anni, come definitivo suggello alla verità della sua predicazione. Quando a Dio piacque di chiamarlo a sé per dargli il premio meritato, egli raccomandò la Povertà ai suoi frati, come a legittimi eredi, ordinando loro che l'amassero fedelmente. Dal grembo della Povertà l'anima sua si mosse per tornare al cielo, e morì sulla terra nuda senz'altra bara che la povertà".

Degenerazione dei Domenicani (vv. 118-139)

S. Tommaso ora loda il proprio patriarca S. Domenico e critica i domenicani del suo tempo, i quali non sono animati più dallo spirito del loro fondatore, e dice: "Pensa, dunque, se tale fu S. Francesco, quale dovette essere colui che fu degno compagno nel mantenere la Chiesa rivolta verso la giusta meta, la Chiesa che era insidiata dalla corruzione e dalle eresie. Questi fu il nostro patriarca S. Domenico, il fondatore dell'ordine domenicano, a cui appartengo. Puoi capire che chi segue lui e ne osserva la regola, provvede alla salvezza dell'anima. Ma il suo *"peculio"* è diventato ghiotto di una bevanda ben diversa da quella indicata dal suo fondatore, sicché sbanda per pascoli diversi e perde il vitale nutrimento. Ci sono, è vero, alcune pecore che temono il danno e si stringono intorno al pastore, ma son così poche che basta poco panno a fornire le cappe a questi domenicani.

Ora, se le mie parole hanno qualche efficacia e se mi hai ascoltato attentamente, richiamando alla mente ciò che è stato detto, sarà in parte soddisfatto il tuo desiderio, perché capirai a chi è rivolto il mio biasimo e capirai che cosa vuol dire la correzione che ho fatto nel mio discorso facendo seguire a *"u' ben s'impingua, se non si vaneggia"*, cioè che nell'ordine domenicano ci si arricchisce di beni veri se non si corre dietro a beni vani".

Questioni e temi

Il nucleo del canto è costituito dalla proposta dell'ideale di povertà che è espressa figurativamente nella rappresentazione del matrimonio di Francesco con la Povertà.

Il tema del matrimonio è già nel canto precedente: *"Nell'ora che la sposa di Dio surge / a mattinar lo sposo perché l'ami"* (Canto X, vv. 140-141), e sarà anche nel canto successivo con le nozze tra Domenico e la Fede *"poiché le sponsalizie fuor compiute / al sacro fonte intra lui e la fede"* (Canto XII, vv. 61-63).

Qui c'è un altro matrimonio: quello tra Cristo e la Chiesa, *"la sposa di colui ch'ad alte grida / disposò lei col sangue benedetto"* (vv. 32-33).

E, come Cristo sposa la Chiesa, così Francesco sposa la Povertà. La Chiesa fu moglie infedele di Cristo, ma con Francesco, che sposa la Povertà, Cristo ritorna sposo della Chiesa, perché Povertà e Chiesa coincidono.

Il rapporto tra Francesco e Povertà è rappresentato con molto realismo, tanto da fare apparire la Povertà in maniera sgradevole, odiata da tutti. L'unione grottesca con questa "donna" diventa motivo di incitamento perché altri abbraccino la vita che Francesco ha abbracciato. Francesco, attraverso la Povertà, è Cristo.

Per giungere a contrarre il matrimonio che lo identifichi con Cristo, Francesco entra in guerra prima di tutti con il padre: ciò sta a significare che l'amore per la povertà è grande, è un amore dettato dalla Provvidenza che lo ha fatto nascere per rinsaldare la Chiesa. Solo per volontà della Provvidenza la Chiesa può finalmente riprendere il suo cammino fatale, recuperando la purezza dei tempi apostolici e superando la decadenza dei papi intriganti.

C'è da osservare che la proposta di Dante di "imitazione di Cristo" nella figura di Francesco è fortemente polemica. Una società libera, sicura e giusta, non può nascere dalle ricchezze, ma nasce solo dal loro rifiuto, come dimostra l'esempio di Amiclate. E del resto Cristo stesso lo dimostrò volendo morire nudo sulla croce; *"né valse udir che la trovò sicura / con Amiclate, al suon della sua voce, / colui ch'a tutto il mondo fe' paura / né valse esser costante né feroce / sicché, dove Maria rimase giuso, / ella con Cristo pianse in su la croce"*.

Personaggi

S. Tommaso: racconta la vita di S. Francesco. (cfr. canto precedente).

S. Francesco: è il patrono d'Italia. Nacque ad Assisi nel 1182, da una famiglia di mercanti di stoffe. In giovane età decise di dedicare la sua vita a Dio in umile povertà. Rinunciò pubblicamente a tutti i beni paterni e, scalzo e vestito di un semplice saio, iniziò a predicare l'amore per il prossimo e per la povertà. Grazie all'ardore della sua predicazione, trovò presto molti seguaci e fondò l'ordine francescano con l'approvazione prima del papa Innocenzo III e poi di Onorio III. Si recò in Oriente per tentare di convertire il sultano. Tornato in Italia, si ritirò a vita eremitica nella grotta della Verna, dove ricevette le stimmate poco prima di morire. In punto di morte chiese di essere portato nella chiesa di S. Maria degli Angeli ed essere deposto nudo sulla terra in segno del suo amore per la povertà.

Canto XII

Il cielo del Sole

Categoria dei beati	Visione dei beati	Anime
Spiriti sapienti	Tre corone concentriche di vivi fulgori che cantano e danzano	S. Bonaventura. Illuminato. Agostino. Ugo da S. Vittore. Pietro Mangiadore. Pietro Ispano. Natan. Crisostomo. S. Anselmo. Donato. Rabano. Abate Gioacchino

Altra corona di Dottori. S. Bonaventura fa l'elogio di S. Domenico e narra la sua vita (vv. 1-111)

Appena S. Tommaso ha finito il suo discorso, la corona dei dodici beati ricomincia a girare e, prima che essa abbia compiuto l'intero giro, sopraggiunge un'altra corona di spiriti a cingere tutta intorno la prima e aggiunge il suo movimento e il canto dei suoi spiriti al movimento e al canto dell'altra corona. Come si volgono intorno, per una nube lieve e trasparente, due arcobaleni paralleli e con le stesse sfumature di colori, cioè come quando Giunone comanda alla sua ancella Iride di apparire in cielo, allo stesso modo le due ghirlande di quelle rose dell'eterno giardino, si volgono intorno a Dante e a Beatrice, e così quella esterna corrisponde nel moto e nel canto a quella interna. Dopo che la danza e l'altra manifestazione di *"festa grande"* per volere concorde cessa, dall'interno di una delle luci della nuova ghirlanda si muove una voce; Dante, nel volgersi nel punto da dove essa viene, si paragona all'ago della bussola quando si volge alla stella polare, cioè il suo movimento è rapido proprio come quello dell'ago: *"Che l'ago alla stella / parer mi fece in volgermi al suo dove"*; e lo spirito, che è quello di S. Bonaventura, comincia a parlare: "L'amore divino mi induce a parlare dell'altro capo di ordini religiosi, S. Domenico, a causa del quale si è appena parlato così bene del fondatore del mio Ordine, S. Francesco. È giusto che dove si parla dell'uno si parli anche dell'altro, in modo che ricevano uguali onori così come insieme, e per uno stesso fine, combatterono in favore della Chiesa quando l'esercito di Cristo, ossia la Cristianità, si muoveva lento, pauroso e poco numeroso dietro la croce. Nella Spagna, non molto lontano dal luogo dove vanno ad infrangersi le onde dell'oceano Atlantico, si trova la fortunata città della Castiglia, Calaruega, patria di S. Domenico. In questa città nacque l'appassionato amante, *"l'amoroso drudo"*, della fede cristiana, animato da amore verso i suoi, ma implacabile verso i nemici; il suo spirito, non appena fu creato, fu riempito di viva potenza divina, la quale, quando ancora Domenico era nel seno materno, fece sì che la madre presagisse che cosa avrebbe fatto suo figlio: *"che, ne la madre, lei fece profeta"*. Dopo che avvennero le nozze al fonte battesimale tra lui e la Fede, la madrina che lo tenne a battesimo vide in sogno il mirabile frutto che doveva derivare da lui e dai suoi seguaci (vide in fronte al neonato una stella, segno che egli avrebbe illuminato i popoli). E perché nel nome fosse quale effettivamente era, dal cielo partì l'ispirazione di chiamarlo Domenico, cioè del *Dominus*, che è il nome di Dio a cui egli apparteneva. Spesse volte la sua nutrice lo trovò di notte a pregare per terra come per dire di essere venuto al mondo per fare atto di penitenza e di umiltà: *"Io son venuto a questo"*. Felici i suoi genitori di nome e di fatto". I genitori di San Domenico furono Felice di Guzman e Giovanna che, secondo l'etimologia ebraica della parola, pare significhi grazia divina.

"Non per amore verso i beni mondani, dietro ai quali ora si corre, ma per amore della sapienza celeste, divenne dottore in teologia – continua S. Bonaventura – e ben presto fu protettore della mistica vigna, cioè della Chiesa. E al Papato, che in passato fu più benevolo verso i poveri che vivono nell'innocenza di spirito, *"ai poveri giusti"*, S. Domenico non chiese dispense, non il godimento delle rendite del primo beneficio che si rendesse vacante. Non chiese il godimento delle decime, cioè il contributo delle rendite dei fedeli, che appartengono ai poveri del Signore e devono essere distribuite in opere di carità, ma chiese il permesso di combattere contro gli eretici in favore della fede: *"ma contro al mondo errante / licenza di combattere per lo seme"*.

Poi, ottenuta l'approvazione papale, si mosse contro gli sterpi dell'eresia con l'impeto di un torrente che è spinto da una abbondanza di acqua, e andò a colpire con più violenza là dove le resistenze alla sua predicazione erano maggiori. Da lui, simile ad un torrente, nacquero diversi ruscelli, i domenicani, da cui l'orto della Chiesa è attraversato, sì che gli arboscelli, gli altri fedeli, che fioriscono in esso, si ravvivano. Quindi dall'eccellenza di questo campione della Chiesa, ti dovrebbe essere chiara l'eccellenza dell'altro, S. Francesco, di cui S. Tommaso, prima che io sopraggiungessi, ti ha tessuto l'elogio".

La degenerazione francescana. Gli altri beati della seconda corona (vv. 112-145)

"Ma la traccia del giro fatto sul terreno dalla ruota francescana è ormai abbandonata, sicché al posto del bene ora vi è il male: i francescani non seguono più l'esempio dato da S. Francesco e camminano a ritroso: presto si vedranno i frutti della cattiva coltivazione. Certo, però, aggiungo che chi esaminasse uno per uno i singoli frati che compongono l'Ordine, troverebbe ancora qualcuno fedele alla regola: *"I' mi son quel ch' i' soglio"*; ma questo fedele osservatore non sarà né Ubertino da Casale, né Matteo d'Acquasparta, dai quali vengono quelli che evitano l'osservanza o la restringono. Io sono l'anima di Bonaventura di Bagnoregio, e nei grandi uffici ecclesiastici che ricoprii posposi sempre la cura degli interessi terreni a quella dei beni spirituali: *"Io son la vita di*

Bonaventura / da Bagnoregio, che ne' grandi offici / sempre posposi la sinistra cura". Qui con me ci sono: Illuminato e Agostino, seguaci di S. Francesco, che portando il capestro si guadagnavano la beatitudine eterna; Ugo da S. Vittore; Pietro Mangiadore; Pietro Ispano, autore di dodici libri di dialettica; Il profeta Natan; Crisostomo patriarca di Costantinopoli; Anselmo, e quel Donato che si degnò per primo di por mano alla grammatica che, è la prima delle sette Arti del Trivio e del Quadrivio; Rabano; il calabrese Abate Giovacchino dotato di spirito profetico".

Infine S. Bonaventura dice che egli, mosso dall'esempio di S. Tommaso, il quale ha tessuto l'elogio di S. Francesco, ha sentito il bisogno di lodare S. Domenico.

Questioni e temi

Come nel canto precedente S. Tommaso fa il panegirico di S. Francesco, così nel dodicesimo S. Bonaventura fa il panegirico di S. Domenico. I due canti sono strettamente uniti da una stessa tematica: la difesa della Chiesa. Nel canto undicesimo si celebra il matrimonio tra Francesco e la Povertà; nel dodicesimo la sposa di Domenico è la Fede.

Domenico e Francesco sono i due campioni evocati dalla Provvidenza per la difesa di una donna, la Chiesa, a tutela della quale essi crearono da soli gli ordini mendicanti. Così, attraverso i due santi-cavalieri, la Provvidenza difenderà una organizzazione decaduta, ma assolutamente necessaria quale è la Chiesa. Francesco dovrà convincere e trascinare con il suo amore di carità; Domenico dovrà farlo con la parola, la predicazione e la saggezza. Sia l'undicesimo che il dodicesimo canto terminano con una nota di biasimo: nel primo S. Tommaso rimprovera i domenicani degeneri; nel secondo S. Bonaventura pronuncia l'invettiva contro la degenerazione dell'ordine francescano.

PERSONAGGI

S. Bonaventura: francescano, nato nel 1221 e morto nel 1274. Fu ministro generale dell'ordine francescano e insigne teologo. Fu detto "*doctor serapicus*".

S. Domenico: nacque nel 1170 a Calaruega, morì nel 1221. In giovanissima età si manifestò in lui una profonda fede insieme all'amore per la povertà e la passione per lo studio. Si dedicò allo studio della teologia e alla lotta delle eresie, ma sempre con lo strumento della persuasione, mai con la violenza. Fu il fondatore dell'ordine domenicano ed ottenne il riconoscimento ecclesiastico da Onorio III.

Illuminato da Rieti e *Agostino d'Assisi*: sono tra i primi seguaci di S. Francesco.

Ugo di S. Vittore: teologo, uno dei maggiori rappresentanti del misticismo medievale, canonico dell'abbazia di S. Vittore a Parigi. Nacque nel 1097, morì nel 1141.

Pietro Mangiadore: teologo francese del XII secolo; autore di una compilazione di libri biblici intitolata *Historia scholastica*.

Pietro Hispano: di Lisbona; fu papa col nome di Giovanni XXI. Uomo di grande cultura, scrisse opere di medicina e di filosofia; insegnò a Siena. Nato nel 1226, morì nel 1277.

Natan: profeta ebraico vissuto al tempo del re Davide.

Giovanni Crisostomo: patriarca di Costantinopoli. Uno dei padri e teologi della Chiesa greca; per la sua grandissima eloquenza fu detto crisostomo, cioè "bocca d'oro".

Anselmo d'Aosta: grande filosofo e teologo dell'XI secolo, fu vescovo di Canterbury.

Elio Donato: grammatico romano del IV secolo d.C.

Rabano Mauro: arcivescovo di Magonza del IX secolo d.C. Letterato e commentatore della *Bibbia*.

Gioacchino da Fiore: Monaco di Calabria, dell'abbazia di Fiore nella Sila. Propugnò ardite riforme sociali e religiose e fu autore di profezie sull'avvenire del mondo e della Chiesa. Scrisse anche un commento all'*Apocalisse*.

Canto XIII

Il cielo del Sole

Categoria dei beati	Visione dei beati	Anime	Dubbi di Dante
Spiriti sapienti	Tre corone concentriche di vivi fulgori che cantano e danzano	Cfr. canto XII	Il sapere di Salomone, di Adamo e di Gesù Cristo

Nuova danza e nuovo canto (vv. 1-30)

Dante si prepara a descrivere lo spettacolo delle due corone che girano intorno a lui, l'una in senso opposto all'altra, e invita il lettore a trattenere fissa in sé l'immagine che sta per dare, come se la mente che l'accoglie fosse una rupe ben salda. "Immagini il lettore quindici stelle, che in diverse regioni fanno risplendere il cielo di luce tanto chiara da vincere ogni densità dell'aria: *"Lo cielo avvivan di tanto sereno, / che soperchia de l'aere ogne compage"*. Immagini, oltre alle quindici stelle, le sette del carro dell'Orsa Maggiore, che nel loro giro, di notte e di giorno, non sconfinano mai dallo spazio del nostro emisfero celeste, in modo da non scomparire dalla vista quando, nel loro girare, il timone si volge. Immagini, con le altre, anche le due stelle dell'Orsa Minore, la costellazione che ha alla sua punta la stella polare, e supponga che tutte insieme formino in cielo due costellazioni circolari concentriche che girino l'una in direzione opposta all'altra, simili ognuna di esse alla costellazione in cui fu trasformata la ghirlanda di Arianna quando costei fu vicina a morire.

In quelle due corone non si canta un inno in onore di Bacco o in onore di Apollo, ma il mistero della Trinità e dell'unione in una persona della natura divina ed umana".

Finito il canto e la danza circolare, le anime si fermano e, come sospese, si volgono a Dante e a Beatrice, rallegrandosi di passare dal canto e dalla danza alla attenzione e all'interesse verso i pellegrini: *"e attesersi a noi quei santi lumi, / felicitando sé di cura in cura"*.

La sapienza di Salomone, di Adamo e di Gesù Cristo (vv. 31-111)

A questo punto S. Tommaso riprende a parlare per sciogliere l'altro dubbio nato nella mente di Dante quando, parlando di Salomone, egli aveva detto: *"non surse il secondo"*. Dante era convinto che la sapienza di Adamo e di Gesù Cristo fosse superiore a quella di Salomone, perciò S. Tommaso così gli parla: "Quando è battuta una parte della paglia e il grano ricavato è già messo da parte per essere conservato, un dolce senso di carità mi invita a battere l'altra paglia. Cioè, avendo sciolto il primo dubbio, la carità mi invita a chiarirti anche l'altro. Tu credi che in Adamo, dal cui petto fu tratta la costola per formare Eva, *"la bella guancia"*, la cui golosità costò cara a tutta l'umanità, e in Cristo crocifisso, ci fosse infusa quanta sapienza può esserci nell'umana natura, perciò ti meravigli di quello che ho detto prima, cioè che lo spirito che è chiuso dentro la quinta luce della prima corona non ebbe chi lo uguagliasse. Se starai attento a quello che dico, vedrai che ciò che tu ritieni per vero e quello che io ho detto corrispondono esattamente a verità. Le creature corruttibili e quelle incorruttibili altro non sono che un raggio dell'Idea generata da Dio, perché il Verbo, il quale procede dal Padre senza separarsi né dal Padre né dallo Spirito Santo, trasmette i suoi raggi come di specchio in specchio nei nove cieli, pur rimanendo sempre Uno. Di qui, dai nove cieli, si propaga alle potenze inferiori, cioè agli elementi del mondo terrestre e, scendendo verso il basso, non produce altro che cose contingenti e di breve durata. La materia di tali cose, si adatta come cera all'influsso dei cieli e l'impronta dei cieli porta essa ad assumere diverse forme, illuminandola con più o meno intensità. Perciò avviene che alberi della stessa specie danno frutti buoni e cattivi e che voi uomini nascete con diverso ingegno e diverse attitudini. Se la materia fosse perfetta e i cieli operassero con la loro suprema potenza, la luce dell'Idea divina apparirebbe intera: ma questo non avviene mai. Se invece Dio stesso dispone la materia e vi imprime la Sua Idea, allora si ottiene tutta la perfezione possibile. Così fu creato Adamo; così, per opera diretta di Dio, fu resa madre la Vergine Maria. Sicché io approvo la tua opinione, cioè che l'umana natura non fu né sarà mai tanto perfetta quanto in Adamo e in Gesù Cristo.

Se io non aggiungessi altro, tu mi domanderesti: *"Dunque, come costui fu senza pare?"*.

Devi sapere che Salomone chiese a Dio la sapienza per essere un abile re e non per essere teologo, astrologo, metafisico, matematico; perciò, se ben rifletti, vedrai che quello che ho detto si riferisce alla *"regal prudenza"*, cioè a quella saggezza che si addice ad un re; e quanto al *"surse"*, vedrai che si riferisce solo ai re, i quali sono molti, ma quelli valenti e buoni sono rari.

Con questa distinzione di re e di uomini, le mie parole possono accordarsi con quello che tu credi di Adamo e di Cristo".

Ammonimenti a chi dà giudizi precipitosi (vv. 112-142)

Una volta sciolto anche il secondo dubbio, S. Tommaso ammonisce Dante a non essere mai precipitoso nel giudicare perché è da sciocchi dare giudizi avventati; si rischia di cadere nel falso e spesso accade che l'attaccamento al proprio giudizio impedisca alla mente di rendersi conto della verità. "Chi cerca di pescare nel mare della verità – dice S. Tommaso – e non conosce l'arte di farlo, si allontana dalla verità e ritorna carico di errori; chiari testimoni di ciò sono molti filosofi come Parmenide,

Melisso e Brisso, che procedevano ragionando, senza rendersi conto di dove andavano a finire. Così alla cieca agirono anche gli eretici come Sabellio e Arrio, i quali, rispetto ai libri della Sacra Scrittura, esercitarono la stessa funzione di spade lucenti, che restituiscono deformati i volti che vi si rispecchiano: *"che furon come spade alle Scritture / in render torti li diritti vólti"*.

Non siano le genti anche troppo sicure di sé, troppo facili a dare giudizi su quello che avverrà in futuro, come colui che calcola il futuro raccolto prima che sia giunto a maturazione: *"sì come quei che stima / le biade in campo pria che sian mature"*, perché mi è capitato di vedere il pruno, aspro nell'inverno, fiorire in primavera e ho visto una nave percorrere felicemente il mare per tutto il viaggio e naufragare all'ingresso del porto.

Non creda la gente volgare di poter considerare come già giudicati da Dio uno che ruba e uno che fa elemosina, perché l'uno può riscattarsi e salvarsi e l'altro, che faceva pie offerte, può cadere nel peccato e dannarsi".

Questioni e temi

È un canto dottrinale; è un susseguirsi di delucidazioni e spiegazioni: attraverso la parola di S. Tommaso, che chiarisce ed ammaestra, si ha la conferma dei limiti dell'intelletto umano, che procede facilmente per vie sbagliate. Il discorso di S. Tommaso termina con un invito agli uomini ad essere cauti nel giudicare.

Il tema del canto è quello della sapienza in generale e quella di Salomone in particolare.

S. Tommaso, parlando di Salomone, aveva detto al verso 114 del decimo canto: *"a veder tanto non surse il secondo"*; questa affermazione fa vacillare la convinzione di Dante sulla sapienza di Gesù e sul valore superiore delle creature generate direttamente da Dio, come Adamo. Ma c'è da sottolineare che S. Tommaso aveva detto il giusto, in quanto si riferiva alla *"sapienza regale"* di Salomone, che permetteva a Salomone di essere *"sufficiente"*, cioè di distinguere il bene dal male: tale sapienza pratica gli veniva direttamente da Dio. Perciò Salomone è il modello dei re, perché la sua saggezza riconosce il proprio limite ed è quindi priva di qualsiasi presunzione: egli, infatti, chiede solo cose che riguardino i compiti di un re.

Con la figura di Salomone, re saggio, Dante chiude il quadro già abbozzato precedentemente con Francesco e Domenico: come i monaci devono interessarsi della teologia, così l'imperatore deve interessarsi di ciò che sa, cioè della giustizia, e lasciare la scienza della teologia agli uomini di Chiesa. Solo con la distinzione dei compiti, come ha già detto Carlo Martello, sarà possibile una vita corretta sulla Terra.

Come Cristo dà potere alla Chiesa, così attraverso Salomone è Dio che dà autorità all'Impero, il quale è affidato a creature che devono essere guidate, perché esse sono imperfette. Poiché l'imperfezione è insita nella natura umana, la consapevolezza di essa deve spingere gli uomini da un lato ad accettare le guide che la Provvidenza di Dio assegna loro, comportandosi con modestia, dall'altro ad essere cauti nell'uso della ragione.

Nella fine del canto c'è lo sviluppo del tema morale della condanna contro i filosofi ignoranti e frettolosi, i quali cercano il vero senza sapere dove trovarlo, e contro coloro che azzardano giudizi su altri uomini, giudicando solo dalle apparenze e credendo così di poter penetrare il giudizio divino.

PERSONAGGI

Salomone: terzo ed ultimo re degli Ebrei, personaggio biblico vissuto nel decimo secolo a.C. Proverbiali furono la sua saggezza e il suo spirito di giustizia; i teologi del tempo, disputavano sulla sua salvezza o dannazione, per i riferimenti alla sua lussuria negli anni della vecchiaia presenti nella *Bibbia*.

Canto XIV

Il cielo del Sole

Categoria dei beati	Visione dei beati	Dubbi di Dante
Spiriti sapienti	Tre corone concentriche di vivi fulgori che cantano e danzano	I beati dopo la resurrezione della carne. I corpi glorificati

Un dubbio previsto. L'inno alla SS. Trinità e la glorificazione dei corpi dopo la resurrezione (vv. 1-66)

Ha finito di parlare S. Tommaso, che si trova nella corona dei beati, nel cui centro sono Dante e Beatrice; quest'ultima parla rivolta alla cerchia dei beati. Il fatto che Beatrice parli dal centro della corona e S. Tommaso abbia parlato dalla circonferenza verso il centro, fa venire in mente al poeta la similitudine dell'acqua che si muove in un vaso a seconda che sia colpita dall'esterno del vaso o dall'interno. Beatrice così comincia a parlare ai beati: "Dante ha bisogno di rendersi conto di un'altra verità, che non mi chiede a parole, ma basterebbe che la pensasse perché voi gliela leggereste dentro: la luce che adorna l'anima vostra resterà sempre nella stessa forma in cui è ora e, se rimarrà inalterata, non sarà molesta ai vostri occhi quando avrete riacquistato i vostri corpi nel giorno del giudizio universale?".

Come coloro che danzano in giro cantando, talvolta alzano la voce ed esprimono gioia nei loro atti, perché spinti da un sentimento di maggiore letizia, così alla preghiera di Beatrice le corone dei beati mostrano nuova gioia, girando intorno vivacemente e cantando il meraviglioso canto: *"nel torneare e ne la mira nota"*.

Ciascun beato intona tre volte una melodia dolcissima, che solamente l'udirla sarebbe un adeguato premio ad ogni più alto merito: è l'inno col quale viene magnificata l'Unità e la Trinità di Dio. *"Quell'Uno e Due e Tre che sempre vive, / e regna sempre in Tre e Due e Uno, / non circonscritto, e tutto circonscrive"*.

L'anima avvolta nella luce più splendente della corona di anime più vicina a Dante e a Beatrice, risponde con una voce soave, forse paragonabile, per dolcezza, alla voce dell'Arcangelo Gabriele quando parlò a Maria dell'annunciazione; l'anima è probabilmente quella di Salomone.

"Finché durerà il Paradiso – dice la voce – l'amore divino di cui siamo pieni effonderà intorno a sé questa luce; lo splendore di tale luce è proporzionato all'ardore di amore divino che è in noi; l'ardore nostro è a sua volta proporzionato alla visione che noi abbiamo di Dio, e questa è tanto grande quanto la grazia che ciascuno avrà meritata. Quando riprenderemo il nostro corpo, nel giorno del giudizio universale, il nostro essere sarà più perfetto perché più completo; cioè sarà anima e corpo; perciò crescerà la grazia di Dio e, con la grazia, la visione di Dio; con la visione, crescerà l'ardore e, con l'ardore, il raggio di luce. Ma come un carbone acceso emette una fiamma e per la sua viva incandescenza supera lo splendore della fiamma, sì che il suo apparire non si lascia sopraffare dallo splendore di essa, così questa fulgida luce che ci circonda sarà vinta in splendore dal nostro corpo, che per ora è ricoperto dalla terra. Né tanta luce, quanta sarà delle nostre persone, potrà affaticare i nostri occhi, perché gli organi corporei riusciranno a sostenere tutto ciò che potrà essere motivo di nuova beatitudine". A queste parole le anime delle due corone sono pronte a rispondere: Amen!, mostrando il desiderio di riunirsi ai propri corpi e di raggiungere così la perfezione, forse non proprio per la loro glorificazione, ma per la salute delle loro mamme, dei loro padri e di quelli che furono a loro cari prima che salissero al cielo.

Terza corona di beati. Salita al cielo di Marte (vv. 67-90)

Ad un tratto Dante vede nascere una nuova luce su quella data dalle due precedenti corone di beati, della stessa intensità, simile a quella dell'orizzonte che, rischiarandosi dal di dentro, si allarga; in questa luce a Dante sembra di vedere altre anime, ma in maniera indistinta, come sono le stelle appena sorte nel crepuscolo della sera; queste nuove anime sembra che girino intorno alle altre due corone di spiriti. Il poeta è abbagliato dal loro grande splendore e rivolge gli occhi a Beatrice, che gli appare ancora più bella e più splendente, e in un attimo si ritrovano insieme nel cielo di Marte. Dante si accorge di essere nel cielo più alto per l'infuocata luce del nuovo pianeta, che appare più rosso del solito, e con tutto il cuore ringrazia Dio perché gli ha concesso una nuova gioia.

CIELO DI MARTE

Nel quinto cielo. La croce di Marte (vv. 91-139)

Dante capisce che il suo ringraziamento è stato gradito a Dio poiché gli appaiono spiriti beati tanto splendenti e tanto rosseggianti, in forma di luci entro due liste luminose disposte in croce, che egli non può fare a meno di pronunciare una esclamazione di lode: *"O Eliòs che sì li addobbi!"*. Come la Via Lattea, cosparsa di stelle maggiori e minori, appare come una striscia biancheggiante che si estende da un polo all'altro del mondo e lascia incerti sulla sua natura uomini esperti di cose celesti, così Dante vede disposte in costellazione le due liste che formano nel cielo di Marte il segno della croce. A questo punto il poeta non sa spiegare con immagini quello che ricorda di aver visto, cioè il fatto che quella croce con lampi riflette la figura di Cristo. Da un'estremità all'altra delle braccia e dalla cima al fondo della croce gli spiriti si muovono e, nel momento in cui si incontrano e si oltrepassano, risplendono ancora di più, proprio come avviene sulla Terra quando si vedono muovere in ogni direzione i

corpuscoli del pulviscolo atmosferico. Intanto alle orecchie di Dante giunge una melodia, che proviene da tutta la croce e che lo manda in estasi; egli, però, non riesce a distinguere le parole del canto; nonostante ciò, dalle parole *"resurgi e vinci"*, capisce che quello è un canto di lode a Gesù Cristo. Dante parla a lungo del piacere di questa melodia e ha paura che a qualcuno possa sembrare troppo ardito il fatto che a questo piacere egli posponga la gioia che gli viene dagli occhi di Beatrice. Perciò il poeta si scusa dicendo che nelle sue parole è comunque presente il piacere santo degli occhi di Beatrice, perché anche questo, via via che si sale, si fa più puro e la sua bellezza risplende sempre più.

Questioni e temi

In questo canto è preponderante il tema della luce: ci si immerge in uno spettacolo visivo straordinario; qui tutto è luce: essa è il segno maggiore della glorificazione del corpo. La luminosità del cielo del Sole, già grande, sarà superata da quella del cielo di Marte. Qui la luce diventerà rossa, segno della rappresentazione dell'amore che spinge a combattere. In tanta luce si distingue una croce su cui lampeggia la figura di Cristo, luce dell'amore che infiamma gli spiriti combattenti.

Anche il tema della croce qui ha un valore importante. Chi ha negato la propria vita e il proprio corpo per la croce, come coloro che hanno combattuto per la fede e i martiri, non hanno perduto il proprio corpo, ma lo hanno conquistato ancora più luminoso.

È da osservare che con la croce del cielo di Marte, si ha la prima apparizione di Cristo nel Paradiso.

PERSONAGGI

Salomone: cfr. canto precedente.

Canto XV

Il cielo di Marte

Categoria dei beati	Visione dei beati	Anime
Spiriti militanti	Splendori scintillanti e rossi in forma di croce	Cacciaguida

La carità dei beati. Un antenato di Dante (vv. 1-72)

La volontà del bene, in cui si manifesta l'amore di Dio, fece tacere il dolce coro dei beati, *"le sante corde"*, così come la cupidigia dei beni terreni si scioglie nella volontà di fare il male.

Il canto degli spiriti beati si interrompe per suscitare nel poeta il desiderio di manifestare i propri desideri. Dante, pensando a tanta benignità, trova giusto il patire dell'Inferno per coloro i quali per amore delle cose terrene si privano dell'amore divino.

Come per gli spazi tranquilli e limpidi della volta serena del cielo si muove talora un improvviso splendore, attirando il nostro sguardo, e sembra di vedere una stella che cambi posizione, così dal braccio destro della croce fino al piede di essa scende uno di quegli spiriti luminosi e, nel muoversi, lo spirito che risplende come una gemma non si stacca dalla croce, ma corre lungo la lista formata dai due raggi, come un fuoco splendente dietro ad un bianco alabastro: *"che parve foco dietro ad alabastro"*. Lo spirito, che è quello di Cacciaguida, saluta affettuosamente Dante come suo discendente e si compiace che per lui si sia aperta due volte la porta del cielo. Il suo atteggiamento affettuoso è simile a quello di Anchise, padre di Enea, quando nell'oltretomba corse incontro al figlio per abbracciarlo, non appena lo riconobbe. Dante rimane stupito e volge lo sguardo verso Beatrice, nella quale splende un sorriso tale da far credere al poeta di aver raggiunto il grado più alto della sua beatitudine. Intanto lo spirito, dopo il primo saluto, aggiunge parole che, per il profondo contenuto, Dante non riesce a comprendere. Ma quando l'ardore del divino amore si è sfogato, lo spirito semplifica il suo linguaggio e Dante riesce a capire che quello ringrazia Dio Uno e Trino, che è stato così benevolo verso un suo discendente. Poi lo spirito così continua a parlare: "Con l'esser giunto qui, grazie all'aiuto di Beatrice, che ti fece volare nel Paradiso, tu hai soddisfatto, o figlio, un desiderio gradito e da tempo esistente, che io ho avuto leggendo nel grande libro della divina prescienza. Tu credi che io possa leggere il tuo pensiero attraverso Dio e perciò non mi domandi chi io sia e perché ti appaia più splendente di tutti gli altri spiriti di questa schiera beata. Tu credi il vero, perché gli spiriti celesti, siano essi dotati di maggiore o minore beatitudine, guardano in Dio e vedono come in uno specchio i pensieri umani; tuttavia, perché l'amore divino si adempia meglio, manifesta tu con voce sicura, franca e piena di letizia il tuo desiderio, al quale la mia risposta è già stabilita".

Dante si volge a Beatrice, dalla quale con un sorriso ottiene il permesso di parlare.

Lo spirito, che è Cacciaguida, si manifesta e loda i costumi della Firenze antica (vv. 73-129)

Dante, ottenuta licenza di parlare, si scusa con lo spirito se il suo parlare è inadeguato al sentimento, pertanto non può ringraziare se non col cuore per la festosa accoglienza, simile a quella di un padre a un figlio e supplica quello, che è una gemma che fa parte di quel prezioso gioiello, cioè la croce luminosa di Marte, affinché gli dica il suo nome. E lo spirito: "O mio discendente, io fui il tuo capostipite", *"O fronda mia /... io fui la tua radice"*, e continua: "Colui dal quale ha preso il nome la tua famiglia e che da più di cento anni gira intorno al monte del Purgatorio nella cornice dei superbi, fu mio figlio e tuo bisnonno; è opportuno che tu gli renda più breve il periodo della pena con le tue preghiere". Poi lo spirito fa la descrizione di Firenze, ai suoi tempi tranquilla e felice, in contrapposizione ai tempi di Dante. "Firenze, – continua – chiusa entro la cerchia antica delle mura, dalla quale essa trae ancora l'indicazione delle ore del giorno, viveva tranquilla, senza lotte interne, *"sobria"* nei gusti e *"pudica"* nei costumi. Non erano in uso monili di metallo prezioso né abiti con accessori sfarzosi; non preoccupava ancora il padre la nascita di figlie femmine, perché esse si maritavano in età giusta e con giusta dote. Le case non avevano un numero sproporzionato di stanze, in modo da rimanere vuote, né in Firenze si erano ancora diffusi i costumi lascivi del re Sardanapalo, e neppure Firenze aveva vinto Roma con i suoi edifici che presto andranno in rovina. Io vidi Bellincion Berti con la cintura di cuoio e la sua donna priva di belletti, e i Nerbi e i Vecchietti semplicemente vestiti e le loro donne intente al fuso e alla canocchia, sicure che ciascuna di esse sarebbe stata sepolta in patria: non c'era ancora la preoccupazione dell'esilio e fino ad allora nessuna veniva abbandonata dal marito che andava in paesi stranieri, specialmente in Francia, per interesse di commercio. Esse vegliavano per custodire i bambini nelle culle, *"a studio de la culla"*, e nel confortare e cullare il bambino usavano il linguaggio infantile tipico delle ninne nanne, di cui si compiacciono per primi i genitori; e qualcuna, nell'accingersi a filare, raccontava ai suoi familiari le favolose avventure dei Troiani, dell'antica Fiesole, da cui nacque Firenze, e di Roma. Una donna dissoluta, *"una Cianghella"*, e un imbroglione, *"un Lapo Salterello"*, sarebbero stati ritenuti, a quei tempi, una cosa fuori dall'ordinario, quali sarebbero ritenuti oggi, in tempi corrotti, un uomo probo come il romano dittatore Cincinnato, o una donna di esemplari virtù, coma la romana Cornelia, madre dei Gracchi".

La vita di Cacciaguida (vv. 130-148)

Dopo aver descritto l'antica Firenze, lo spirito parla di sé: "Maria Vergine, invocata da mia madre nelle grida del parto, mi fece venire alla luce in una così bella e tranquilla vita cittadina, e fui battezzato nel vostro Battistero con il nome di Cacciaguida. Moronto ed Eliseo furono i miei fratelli e mia moglie venne dalla valle del Po e da essa ebbe origine il tuo cognome. Poi seguii in Terra Santa l'imperatore Corrado III, il quale mi fece suo cavaliere, per essere entrato nelle sue grazie; lo seguii combattendo come crociato contro i Turchi, i quali, per colpa dei pontefici inetti e trascurati, usurpano il diritto della Cristianità in Terra Santa. In questa crociata fui ucciso e quindi liberato dal mondo terreno, l'attaccamento al quale fa peccare molte anime, e dal martirio, che incontrai morendo per la Fede, venni alla pace della beatitudine eterna".

Questioni e temi

Il canto XV è il primo dei tre canti in cui il protagonista è Cacciaguida, trisavolo di Dante.

È comunemente detto "canto politico", ma bisogna precisare che per Dante la parola "politica" ha un senso ben diverso da quello che oggi le attribuiamo: per "politica" Dante non intende solo il rapporto tra gli uomini, le forme di governo e le organizzazioni sociali, ma soprattutto la concreta realizzazione nel mondo del piano di Dio. In questo canto Dante non critica il presente solo per polemica, ma sottolinea l'aspetto negativo della Firenze contemporanea, corrotta sul piano morale, oltre che su quello politico.

Dante sogna e si augura che Firenze ritorni ad essere quella antica, dove nessuna famiglia era distrutta dalla dote per la figlia, dai commerci a largo raggio: *"non faceva, nascendo, ancor paura / la fi-*

glia al padre; che 'l tempo e la dote / non fuggien quinci e quindi la misura" (vv. 103-105) e "[...] *e ancor nulla / era per Francia nel letto diserta"* (vv. 119-120). La famiglia garantisce la continuità della vita anche dopo la morte, attraverso la sepoltura nella propria patria: "*...ciascuna era certa / de la sua sepoltura,...*" (vv. 118-119). Come si può vedere il tema del canto è ben più alto del semplice problema politico, e ciò è sottolineato anche dallo sfolgorare della croce di Marte, su cui risplende Cristo, dal silenzio improvviso delle anime dei beati, per permettere al pellegrino di interrogarle e conoscere la verità.

Dante incontra Cacciaguida: il grandioso incontro avviene, appunto, nel cielo dei martiri, coloro che, nel perdere la vita, l'hanno evangelicamente guadagnata, perché qui si può mostrare la verità del disegno di Dio. Cacciaguida parla attraverso la voce di Dio, nella cui mente legge direttamente.

In questo canto brilla l'elemento umano, unito, in meravigliosa fusione, alla rappresentazione del soprannaturale; l'atteggiamento affettuoso di Cacciaguida, il sorriso di Beatrice, il parlare profondo del beato. Accanto a queste rappresentazioni, che ci portano verso il soprannaturale, si sviluppa il sentimento della domesticità, che ispira tutto il parlare di Cacciaguida e regge l'evocazione della Firenze antica.

Si è parlato molto di autobiografismo e certamente qui, assieme a Cacciaguida, Dante è il personaggio centrale, ma è costruito su precisi modelli; è il modello ideale dell'inviato da Dio, del profeta, del combattente per la fede. Anch'egli, come l'avo, deve combattere e sopportare sofferenze e sacrifici per tenere alti i valori della fede cristiana; deve cercare sulla Terra una società giusta, i cui uomini devono arrivare a Dio.

Degna di nota è la chiusura del canto, in cui c'è la presentazione della nascita di un cristiano che si farà crociato e morirà per la fede; ciò per significare che i cittadini della Firenze onesta e operosa non erano solo illustri per virtù familiari e morali, ma anche per l'alto senso di vita cristiana.

Personaggi

Cacciaguida: uomo fiorentino, di cui sappiamo solo che era già morto nel 1189. Dante ce lo presenta come capostipite della sua famiglia; discendente da una antica nobile famiglia, sposò una donna della val padana da cui deriva il nome Alighieri. Fu cavaliere dell'imperatore Corrado III e partecipò alla seconda crociata, durante la quale morì intorno al 1148.

Canto XVI

Il cielo di Marte

Categoria dei beati	Visione dei beati	Anime
Spiriti militanti	Splendori scintillanti e rossi in forma di croce	Cacciaguida

Il vanto della nobiltà e le domande di Dante a Cacciaguida (vv. 1-27)

Dante, dopo che ha conosciuto le proprie origini, si compiace per la nobiltà di sangue ereditata dal suo antenato e dice: "O nobiltà di sangue di noi uomini, che sei sì poca cosa in Terra dove il nostro amore verso Dio ha così scarsa forza, perché siamo trascinati dal piacere dei beni terreni, non susciterai d'ora in poi più meraviglia in me; perché là dove il nostro desiderio non si allontana mai dal vero bene – in cielo – io mi inorgoglii di essa, quando conobbi la mia discendenza". E continua biasimando chi si vanta della propria nobiltà sulla Terra, dove essa è un ornamento che presto si consuma, se non si aggiunge qualcosa ad esso per allungarlo, cioè se non si provvede, con azioni degne, a rinvigorire quella nobiltà: *"manto che tosto raccorce: / sicché, se non s'appar di die in die, / lo tempo va d'intorno con le force"*.

Ora il poeta riprende a parlare con Cacciaguida, dandogli del voi: quel "voi" che Roma per la prima volta tollerò al tempo di Cesare, quando, scomparsa la libertà repubblicana, si volle rendere attento omaggio al signore assoluto; quel "voi", nell'uso del quale la stirpe romana è capace meno di perseverare, perché in essa prevale l'uso del "tu": *"in che la sua famiglia men persevera"*.

Beatrice, intanto, sorride come per ricordare a Dante che lei è presente; questo atteggiamento ricorda al poeta un episodio narrato in un romanzo bretone, dove "quella", cioè Malehaut, che era presente al colloquio d'amore tra la regina Ginevra e Lancillotto, tossì per farsi notare dai due.

Dante, dopo avere espresso al beato tutta la gioia che il suo cuore riesce a trattenere senza scoppiare, per il fatto che sia riuscito a parlare con tanta baldanza allo spirito del proprio antenato, che considera come un padre, vorrebbe conoscere quali furono gli antenati, quando nacque e gli anni in cui fu fanciullo, quanto grande era l'ovile raccolto intorno al battistero e al duomo di S. Giovanni in Firenze e quali erano in Firenze le famiglie degne di salire alle più alte cariche civili.

Nascita e antenati di Cacciaguida e le vicende di Firenze (vv. 28-87)

L'anima di Cacciaguida, fattasi più splendente, come un carbone acceso che risplende maggiormente in una fiamma, se soffia il vento, così, con voce più dolce e soave, e non nel volgare dei tempi di Dante, ma nel volgare fiorentino antico, comincia a parlare rispondendo prima alla seconda domanda: "Dal giorno dell'Annunciazione fino al momento del parto, col quale mia madre, che ora è beata, si alleggerì del peso del mio corpo di cui era gravata, questo pianeta di Marte venne ad attingere nuovo calore sotto la costellazione del leone cinquecentottanta volte" – infatti Cacciaguida nacque nel 1091 –. "I miei antenati nacquero in Firenze, dove comincia il quartiere di Porta S. Pietro; di essi basti sapere che appartennero alle più antiche famiglie di Firenze e non vennero dal di fuori. Tutti quelli che erano in grado di portare armi nella città, compresa allora tra la statua di Marte sul Ponte Vecchio e il Battistero di S.

Giovanni, erano la quinta parte di adesso; ma la cittadinanza, che ora è mescolata con famiglie che vengono da Campi Bisenzio, da Certaldo e da Figline, si vedeva essere di puro sangue fiorentino fin nell'ultimo artigiano. Sarebbe meglio che quelle genti che ho nominato fossero solo nostre confinanti e che voi aveste il vostro confine al Galluzzo e a Trespiano, piuttosto che averlo dentro le mura, *"a sostener lo puzzo"*. Se la gente di Chiesa non fosse stata ostile all'imperatore, ma gli avesse dimostrato amore, come fa una madre verso il proprio figlio, qualcuno, che è diventato fiorentino ed esercita il cambio e la mercatura, sarebbe ritornato a vivere nel castello di Semifonte in Val d'Elsa, là dove il suo antenato faceva la ronda di notte, cioè esercitava l'umile mestiere di guardia; e alcuni castelli, come quello di Montemurlo ed altri, sarebbero ancora proprietà dei veri padroni. L'immigrazione dei forestieri fu sempre cagione dei mali dei cittadini; né il crescere delle popolazioni rende più forti le città, se mancano senno e valore. E se si guarda alla triste fine di alcune città, una volta fiorenti, andate in rovina, non ti sembrerà strano udire che anche le famiglie possono decadere. Tutte le opere umane sono destinate a morire ed anche gli uomini, che, però, non sempre riescono a vedere la fine delle cose, perché muoiono prima. Perciò non deve destare in te meraviglia quello che io dirò di illustri famiglie fiorentine, la cui fama è stata sepolta da tempo".

Le nobili famiglie fiorentine del tempo di Cacciaguida (vv. 88-154)

Cacciaguida comincia ad enumerare alcune famiglie potenti del suo tempo, che già cominciavano a decadere: "Io vidi gli Ughi, i Catellini, i Filippi, i Greci, gli Ormanni e gli Alberichi, *"già nel calare, illustri cittadini"*, e vidi grandi e potenti i Soldanieri, gli Ardinghi e i Bostichi. E dove ora abitano i faziosi che rovineranno Firenze, erano i Ravignani, dai quali sono discesi Guido Guerra e i Bellincioni. Vidi il discendente della famiglia della Pressa, che aveva già imparato come si governa, e il discendente di Galigai, già fregiato dello stemma cavalleresco. Era già grande la famiglia dei Pigli, dei Sacchetti, dei Giuochi, dei Fifanti e dei Barucci, dei Galli, dei Chiaramontesi. Erano pur grandi i Donati da cui discesero i Calfucci, e i Sizii e gli Arrigucci, chiamati ai più alti uffici pubblici: alle sedie curuli. Oh! In quale altro stato vidi la famiglia degli Uberti, ora ridotti nel nulla per la loro superbia; e l'insegna dei Lamberti, che dava lustro a Firenze; e gli antenati dei Visdomini e dei Tosinghi, che si arricchiscono amministrando la curia vescovile. Vidi la schiatta insolente degli Adimari, che già si innalzava, ma la sua origine era da gente umile; così fiorivano i Giudi e gli Infangati. Quelli della Pera davano il nome ad una parte della vecchia cinta; e le famiglie che portano l'insegna di Ugo, marchese di Toscana, da lui ebbero l'ordine cavalleresco e i privilegi di nobiltà, sebbene Giano della Bella, che porta nello stemma l'insegna di Ugo, cinta da una fascia d'oro, faccia tutt'uno con la parte popolare contro la nobiltà. Fiorivano i Gualterotti e gli Importuni; ed era onorata la casa degli Amidei, da cui nacque il pianto di Firenze per lo sdegno contro Buondelmonte il quale venne meno alla parola di matrimonio data ad una fanciulla degli Amidei, sdegno che ha portato voi fiorentini alla rovina, facendo nascere le due fazioni dei Guelfi e dei Ghibellini. O se Dio avesse fatto annegare Buondelmonte nel fiume Ema la prima volta che venne a Firenze! Con queste ed altre famiglie, il popolo fiorentino era giusto e glorioso, e il giglio bianco, stemma di Firenze, non fu mai capovolto per vergogna di sconfitte né tramutato da bianco in rosso a causa delle discordie tra Guelfi e Ghibellini".

Questioni e temi

Il tema della nobiltà, già presente nel XV canto dell'Inferno, quando Dante dice di appartenere al nucleo più antico e più schietto della nobiltà fiorentina, ritorna in questo canto quando, proprio nei primi versi, è presente l'uso del "voi", indice di compiacimento e di orgoglio. È un tratto umanissimo. Ma il poeta si affretta a spiegare che la nobiltà è una virtù d'animo, e non di stirpe, infatti questa è di breve durata, se non viene costantemente rafforzata dall'impegno morale di ciascuno.

Lo svolgimento del tema della nobiltà è presente soprattutto nella rievocazione delle antiche famiglie fiorentine, grazie alle quali la città antica viveva in pace. Poi il mescolarsi di persone e famiglie venute di fuori con i nobili, venuti però dalla campagna, ha dato luogo alla decadenza morale della Firenze "piccola" e abitata da famiglie di stirpe "nobile". Tale decadenza, che ha spazzato via quella condizione di riposo e di pace, che era la caratteristica di un popolo *"glorioso e giusto"*, deriva dalla *"confusione delle persone"* e questa dalla incapacità dell'impero di frenare le forze disgregatrici. L'impero non ha svolto bene il suo compito per colpa della Chiesa: la curia romana, infatti, con la sua ingerenza nella sfera politica, è diventata strumento del male e ha causato la rovina di Firenze. Ma ben presto la giustizia divina riscatterà l'uomo, perché Dio è fonte di verità e giusto dispensatore di castighi.

È questa un'anticipazione del tema della giustizia trattato nel successivo canto.

PERSONAGGI

Cacciaguida: cfr. canto precedente.

Canto XVII

Il cielo di Marte

Categoria dei beati	Visione dei beati	Anime
Spiriti militanti	Splendori scintillanti e rossi in forma di croce	Cacciaguida

Le future vicende (vv. 1-30)

Le parole dette dal suo antenato Cacciaguida sulla cittadinanza di Firenze richiamano alla mente del poeta le predizioni, non del tutto chiare, di Farinata e di Brunetto Latini (nei canti X e XX dell'Inferno) e gli provocano un forte desiderio di sapere la verità. Lo stato d'animo di Dante è simile a quello di Fetonte quando costui si presentò a sua madre Climene per sapere la verità a proposito di ciò che egli aveva udito di sé, cioè che egli non fosse figlio di Apollo (dalle *Metamorfosi* di Ovidio).

Beatrice, allora, invita Dante ad esprimere la *"vampa"*, cioè l'ardore del proprio desiderio, con parole tali da rispecchiare la sua disposizione d'animo: *"interna stampa"*.

Questo, non perché la conoscenza di Beatrice e di Cacciaguida aumenti, ma perché egli si abitui ad esprimere i propri desideri per essere soddisfatto.

E Dante rivolge di nuovo la parola a Cacciaguida e così comincia: "O cara radice della mia famiglia, che come anima beata puoi elevarti tanto in alto da leggere in Dio il futuro. Come le menti mortali vedono che non possono esserci in un triangolo due angoli ottusi, con la stessa chiarezza tu vedi le cose che possono accadere prima che esistano in se stesse, contemplando Dio, nella cui eterna realtà sono passato, presente e futuro. Mentre io andavo con Virgilio su per la montagna del Purgatorio, che purifica le anime, e mentre discendevo nel mondo delle anime morte in eterno, mi furono dette parole molto allarmanti sul mio futuro; nonostante io sappia di essere resistente e di non crollare dinanzi ai colpi avversi della sorte, desidererei conoscere quale sorte mi si avvicina, perché una saetta, di cui prevediamo il colpo, giunge a ferirci con un'impressione, da parte nostra, meno forte: *"perché saetta previsa vien più lenta"*. E come ha suggerito Beatrice, così Dante esprime il suo desiderio.

La prescienza divina. L'esilio di Dante (vv. 31-69)

Cacciaguida, non attraverso parole ambigue, quali erano quelle dei responsi degli oracoli pagani, in cui la gente *"folle"*, pagana, si invischiava prima che fosse crocifisso Cristo, ma con chiaro e preciso *"latin"* linguaggio, rispose, pur rimanendo chiuso nella propria luce e splendente di questa luce: "Le cose contingenti, che non esistono al di là della realtà materiale, in cui voi uomini potete leggere come in un quaderno, sono tutte manifeste a Dio, ma non per questo traggono carattere di necessità, perché ciò ucciderebbe nell'uomo il libero arbitrio, proprio come una nave che va lungo il filo della corrente non deriva il proprio movimento dallo sguardo nel quale si rispecchia. Dal cospetto eterno, da ciò che è dipinto dinanzi a Dio, con la stessa dolcezza con cui giunge alle orecchie un suono d'organo, mi viene davanti agli occhi il futuro che ti si prepara: *"a vista il tempo che ti s'apparecchia"*. Come Ippolito, figlio di Teseo, dovette allontanarsi da Atene per le calunnie della matrigna perfida e spietata, così tu dovrai allontanarti da Firenze. Questo si desidera e già si cerca di attuare, e presto riuscirà fatto a chi pensa di farlo, là alla corte di Roma, dove ogni giorno si fa mercato della religione. La colpa si riverserà sulla parte vinta, secondo l'opinione pubblica, come suole avvenire; ma la punizione divina sarà testimonianza della verità che scende da Dio e che assegna la punizione: *"La colpa seguirà la parte offensa / in grido, come suol; ma la vendetta / fia testimonio al ver che la dispensa"*.

Tu lascerai ogni cosa più amata: questo è il primo strale che lancia l'arco dell'esilio. Tu proverai come è amaro il pane che dovrai andare a chiedere in casa altrui, durante l'esilio, e come è duro scendere le scale delle case altrui per andare poi a salirne delle altre. E quello che più ti riuscirà pesante sarà la compagnia cattiva e sciocca, con la quale ti troverai accomunato e caduto nella valle dell'esilio (allusione agli errori commessi dagli esuli bianchi, nei tentativi di tornare in patria, e alle discordie che li divisero). Questa compagnia, ingrata per i tuoi consigli, dissennata e piena di odio, si rivolgerà contro di te; ma poco dopo sarà essa, non tu, a riportare ferite da questo suo comportamento e avrà le tempie rosse di sangue, *"n'avrà rossa la tempia"*. Il suo modo di agire sarà la prova della sua bestialità, sì che sarà motivo di onore per te l'esserti allontanato dagli altri ed essere rimasto solo con le tue idee: *"averti fatta parte per te stesso"*.

Il primo rifugio di Dante. L'ammonizione di Cacciaguida (vv. 70-99)

"La prima dimora ospitale – continua Cacciaguida – ti sarà offerta dalla liberalità del gran Lombardo (probabilmente Bartolomeo della Scala, signore di Verona) che ha come stemma una scala sormontata dall'Aquila imperiale. Costui avrà verso di te così benevola considerazione che nei rapporti tra voi due, rispetto al fare e al chiedere, sarà primo non colui che chiede, ma colui che esaudisce il desiderio. Insieme con lui vedrai il suo fratello minore, Cangrande, che all'atto della nascita ha avuto un tale influsso da questo cielo di Marte che le sue azioni diventeranno famose. Il mondo non si è ancora accorto di lui per la sua giovane età: ha solo nove anni; ma prima che il papa guascone Clemente V inganni l'imperatore Arrigo VII (cioè prima del 1312, quando Clemente V favorisce la discesa di Arrigo VII e poi l'avversa), appariranno chiari segni della sua virtù nel disprezzare il danaro e le fatiche: *"in non curar d'argento né d'affanni"*. Le sue mirabili virtù saranno tanto conosciute, che i suoi stessi nemici non ne potranno tacere. A lui affidati: per opera sua cambierà lo stato di molta gente, diventando poveri quelli che son ricchi e viceversa. Tu porterai scolpite nella mente queste cose che ti dico e non le dirai ad alcuno".

Poi lo spirito aggiunge: "Figlio, queste sono le spiegazioni di quel che ti fu detto, nell'Inferno e nel Purgatorio, circa l'esilio, ed io ti ho detto anche i danni e gli inganni che si preparano per te nello spazio di pochi anni. Non voglio, però, che tu porti odio ai tuoi concittadini, poiché la tua vita, mediante la fama, durerà nel tempo oltre il termine in cui avverrà la punizione della loro perfidia".

Parlare o tacere? La verità (vv. 100-142)

Quando l'anima di Cacciaguida ha finito di parlare, Dante, come chi desidera consiglio da una persona che vede giustamente per il suo senno, la sua saggezza e il suo affetto, comincia a parlare: "Io vedo bene, o padre mio, come mi si avvicina in fretta il tempo della mia sventura; perciò è bene che io pensi a provvedere alle cose mie, sì che, se mi è tolta la patria, io non perda anche la possibilità di rifugiarmi in altri luoghi, a causa della mia pungente poesia. Durante il mio viaggio nell'Inferno, luogo amaro per l'eterno dolore, e nel Purgatorio e qui nel Paradiso, ho appreso cose che, se io ripeto nel mondo, per molti avranno un sapore fortemente sgradevole; e se io mi mostro timido amico della verità tacendo le cose che ho visto, temo di perdere fama tra i posteri". La luce, nella quale splende Cacciaguida, che è simile a pietra preziosa, fattasi più scintillante, così risponde: "Colui che ha la coscienza macchiata o dalle proprie azioni vergognose o dalle cattive azioni di parenti o amici, percepirà certamente con aspro sapore la tua parola; tuttavia, rimossa ogni vergogna, rendi manifesto tutto ciò che hai visto e lascia pure che chi ha colpa si dolga: *"e lascia pur grattar dov'è la rogna"*; perché se le tue parole riusciranno sgradite agli altri al primo sentirle, lasceranno un nutrimento vitale non appena saranno digerite, perché diffonderanno conoscenza della verità. Queste tre parole faranno l'effetto simile al vento, che percuote le cime più alte dei monti. Ciò costituisce per te motivo non piccolo d'onore. Perciò in questi cieli, nel Purgatorio e nell'Inferno, ti sono state mostrate solo le anime note per fama".

Questioni e temi

È questo il canto della storia della vita di Dante, colta nella più intima drammaticità e nel significato più profondo. C'è in Dante la fermezza morale, unita ad un alto senso di sé nella coscienza di una missione divina, che fa procedere l'uomo per vie dirette e definite.

Il primo tema è quello dell'esilio.

La vicenda dell'esilio di Dante si iscrive in quella generale della storia di Firenze nel contrasto eterno bene-male. Nel tema dell'esilio è presentato da una parte il male di una società ingiusta, disumana e ribelle alle leggi di Dio, e dall'altra la giustizia, la volontà di Dio, nella persona di Dante. Dante è solo nei confronti degli altri esuli fiorentini e proprio per questo deve formare un partito composto da se solo, *"per se stesso"*. Forse questo è il motivo più grande della sua sofferenza: il fatto che gente del suo stesso partito si rivelerà così meschina e violenta da costringerlo a questa scelta di solitudine. Ma questa scelta sicuramente esalta la grandezza del poeta il quale da solo ha la missione di poeta-profeta.

Altro grande tema del canto: l'investitura di Dante. Dio, attraverso Cacciaguida, affida a Dante il compito di rivelare la sua verità al mondo per salvarlo. Egli dovrà narrare tutto ciò che ha visto; dovrà insegnare agli uomini a ravvedersi del peccato, che fa degenerare il mondo, e a ricomporre la pace e la giustizia, che Dio ha preordinato per la vita terrena e per la salvezza eterna. Che Dante abbia il desiderio di farsi promotore di moralità, di giustizia e di portare agli uomini la parola di Dio, lo si desume chiaramente nel punto in cui il poeta chiede a Cacciaguida se deve rivelare ciò che ha visto, se deve denunciare la bassezza politica e morale degli uomini di governo. La risposta è che la poesia deve dichiarare sempre la verità, anche se farà male a molte persone. "[...] *Coscienza fusca / o de la propria o de l'altrui vergogna / pur sentirà la tua parola brusca*".

PERSONAGGI

Cacciaguida: cfr. canto XV.

CANTO XVIII

Il cielo di Marte

Categoria dei beati	Visione dei beati	Anime
Spiriti militanti	Splendori scintillanti e rossi in forma di croce	Cacciaguida. Giosuè. Giuda Maccabeo. Carlo Magno. Orlando. Guglielmo d'Orange. Rinoardo. Goffredo di Buglione. Roberto il Guiscardo

Beatrice conforta Dante. Altri spiriti della croce di Marte (vv. 1-51)

Cacciaguida se ne sta assorto a meditare sul suo pensiero e Dante faticosamente assapora il suo, riflettendo sulla predizione dell'esilio, quando Beatrice lo distoglie invitandolo a non stare fisso sul pensiero dell'esilio, ma a riflettere sul fatto che ella è vicina a Dio, colui che con i suoi premi alleggerisce ogni torto che gli possa essere fatto.

Dante si rivolge a Beatrice e vede negli occhi di lei risplendere uno sfavillio che non riesce ad esprimere, non perché non trovi le parole adeguate, ma per l'insufficienza della sua memoria, che non può ritornare tanto su di sé, se non è guidata da un potere soprannaturale, *"s'altri non la guidi"*. Di quel momento Dante può dire solo che, contemplando Beatrice, il suo sentimento è libero da ogni altro desiderio, mentre la luce di Dio, che splende negli occhi di lei, passando negli occhi suoi, lo rende beato. Beatrice, scuotendolo dal pensiero in cui egli è assorto, con la luce di un sorriso lo invita a girare lo sguardo verso Cacciaguida, perché anche negli occhi di lui risplende la luce del Paradiso. Dante ubbidisce e si rivolge a Cacciaguida il quale, desiderando parlargli ancora, così comincia: "In questo quinto cielo del Paradiso, che è come un albero che prende vita dalla cima, diversamente dagli alberi reali, e dà continuamente frutti ed è eternamente verde, si trovano spiriti beati che in Terra, prima che salissero in cielo, *"fuori di gran voce"*, ebbero grande fama. Perciò guarda i due bracci della croce e vedrai quell'anima, che nominerò, scendere scintillando come un baleno nella nube".

Dante vede scorrere rapidamente lungo la croce una luce, che si muove appena viene pronunciato il suo nome: Giosuè. E appena è pronunciato il nome di Giuda Maccabeo, Dante vede muoversi un altro spirito, che per la gioia gira su se stesso. E passano Carlo Magno ed Orlando, Guglielmo d'Orange, Rinoardo, Goffredo di Buglione e Roberto il Guiscardo. Poi l'anima di Cacciaguida si muove e, unitasi alle altre, ricomincia a cantare insieme con esse.

CIELO DI GIOVE

Categoria dei beati	Visione dei beati
Spiriti giudicanti	Luci in forma di una sentenza biblica e poi di un'aquila

Ascesa al cielo di Giove. Lettere misteriose (vv. 52-99)

A questo punto Dante si volge verso Beatrice, per vedere se costei possa indicargli con parole o con lo sguardo cosa egli deve fare, e vede gli occhi di lei tanto puri di splendore e tanto pieni di letizia da donarle un aspetto così radioso come mai fino ad ora. E come l'uomo si accorge che la sua virtù cresce ogni giorno operando virtuosamente, così Dante si accorge che il suo girare col cielo ha acquistato una maggiore ampiezza, vedendo l'aspetto soprannaturale di Beatrice più luminoso. E, quale è il mutare di colore in un volto bianco di una donna, quando si libera del peso della vergogna, tale appare la trasformazione agli occhi del poeta quando si volge a guardare il sesto pianeta che lo ha accolto: improvvisamente da rosso è diventato bianco.

E come uccelli che si alzano in volo dalle rive di un fiume, quasi come per rallegrarsi per il cibo di cui hanno goduto, si muovono a schiera ora circolare, ora allungata, così dentro alle luci i santi spiriti, volando qua e là, cantano ed assumono la figura delle lettere alfabetiche "D", "I" ed "L". Dapprima si muovono sul ritmo del loro canto, poi, trasformandosi in una di queste lettere, si fermano in silenzio.

Dante invoca la musa, perché lo aiuti a ritrarre le figure delle lettere e le parole formate da questi spiriti così come le ha viste in quel momento.

Si mostrano al poeta trentacinque lettere, tra vocali e consonanti, e le prime parole risultano: "*DILIGITE IUSTITIAM*"; le ultime: "*QUI IUDICATIS TERRAM*". Cioè: "Amate la giustizia voi che giudicate il mondo". Poi le anime si fermano nella "M" della quinta parola, "Terram", e rimangono così disposte in modo che la sfera di Giove pare d'argento decorato d'oro.

Altre anime luminose scendono cantando e si fermano sulla cima della "M".

L'Aquila imperiale. Invettiva di Dante contro l'avarizia papale (vv. 100-136)

Poi, simili alle scintille che emanano pezzi di legno bruciati quando vengono percossi, dalle quali scintille gli sciocchi superstiziosi traggono gli auspici per il loro avvenire, così appare al poeta una moltitudine di anime, le quali si innalzano e si dirigono nel punto che Dio ha stabilito per esse. Quando ciascuna delle anime si è fermata al suo posto, si vede formata la testa e il collo di un'Aquila. Qui Dante osserva che Dio, che dipinge nel cielo, non ha bisogno di maestri, ma Egli è la sua stessa guida e da Lui si riconosce quella virtù generatrice degli esseri che vivono nelle dimore terrene. Le altre anime beate, che prima sembravano contente di starsene disposte a forma di giglio sulla lettera "M", con breve movimento formano la figura dell'Aquila intera.

Ora Dante, rivolgendosi direttamente al pianeta di Giove: *"O dolce stella"* – dice – "gli innumerevoli spiriti splendenti, che in te dimorano, mi mostrano che la giustizia umana deriva proprio dal cielo che tu illumini, per cui prego la mente di Dio, da cui ha principio il tuo movimento e la potenza di influssi, che volga attentamente lo sguardo al luogo da cui esce il fumo che offusca la tua luce. Così la mente divina si adiri una seconda volta per l'uso di comprare e vendere dentro la Chiesa romana, che fu costruita in virtù di miracoli e dei martirii affrontati dai credenti. O anime beate del cielo che ora vedo, pregate per i mortali che sono fuori dalla retta via per il cattivo esempio degli uomini di Chiesa. Una volta si era soliti fare la guerra solo con le armi; ora si fa con le scomuniche e le interdizioni. E tu – rivolto al pontefice Giovanni XXII – che scrivi i decreti per cancellarli subito dopo, in seguito a mercato, pensa che gli Apostoli Pietro e Paolo, che morirono per la Chiesa, *"la vigna che guasti"*, sono ancora vivi in cielo e pronti alla vendetta. Ma tu, ben a ragione, puoi dire di aver rivolto il pensiero al fiorino d'oro sul quale è impressa l'immagine di S. Giovanni Battista, che visse solo nel deserto e fu portato al martirio in cambio di quattro salti, e di non conoscere chi sia né il pescatore S. Pietro, né S. Paolo".

Questioni e temi

In questo canto e nei due successivi, Dante lascia l'autobiografismo per passare a definire gli aspetti generali e particolari della virtù della giustizia divina e terrena. È evidente l'invettiva contro le ingiustizie della Terra.

La prima parte del canto si chiude con la presentazione da parte di Cacciaguida di anime di guerrieri, che si distinsero alcuni per la riconquista della Terra Santa, altri lottando contro i Saraceni, e infine i crociati. Qui, come già nel XV canto è implicita la condanna della politica dei papi che non pensano ai luoghi santi.

Non tutti i personaggi sono reali, ma tutti hanno combattuto per la difesa della Chiesa.

Nella seconda parte del canto, Dante passa nel cielo di Giove e immediatamente si rende conto di non essere capace da solo di presentare la complessa scena che vede e chiede aiuto alla Musa.

Dopo la croce del cielo di Marte, qui è un'altra grande raffigurazione: quella dell'Aquila, simbolo dell'impero romano, strumento provvidenziale per amministrare la giustizia nel mondo. La giustizia è generata da Dio, che ne è l'unica fonte; perciò una è la giustizia ed unico è l'Impero che la porterà nel mondo. Le trentacinque anime, prima si dispongono in un'unica scritta, poi le stesse anime formano una "M" e questa poi si trasforma in una testa d'Aquila. Nella lettera "M" molti hanno visto l'iniziale di monarchia, l'unica forma politica che può garantire la giustizia; e monarchia significa Impero, cioè Aquila. Del resto già nel *De Monarchia* Dante aveva detto: "L'impero è la monarchia, e la monarchia è la fonte della giustizia in terra"; e le anime si uniscono nella "M" di "*Terram*". La "M" che Dante tiene presente è quella gotica che aveva, delle tre aste, quella centrale più lunga. Seguendo il suo pensiero riguardo alla giustizia, il poeta passa all'invettiva contro la corruzione della Chiesa e chiude il canto con tre apostrofi: la prima a Giove, che serve a porre il tema della Chiesa corrotta; la seconda ai beati, perché aiutino i cristiani, traviati dal cattivo esempio di sacerdoti corrotti, e infine quella più specifica contro il papa Giovanni XXII, che compie sacrilegi religioso-politici, macchiandosi anche del peccato di cupidigia.

Nel presente canto la luminosità è una caratteristica molto evidente; notevole è la descrizione della straordinaria luce negli occhi di Beatrice; nella croce di Marte è tutto uno splendido fulgore e un muoversi di cose celesti, fino al miracoloso allargarsi della luce e dell'arco del cielo; e la scena delle luci mobili si ingrandisce alla fine con il configurarsi dell'Aquila.

PERSONAGGI

Cacciaguida: cfr. canto XV.

Giosuè: personaggio biblico; successore di Mosè alla guida degli Ebrei nella conquista della Terra Santa.

Giuda Maccabeo: personaggio biblico; guidò l'insurrezione in Palestina contro il re di Siria, Antioco IV Epifane, riportando il suo popolo alla libertà.

Carlo Magno: re dei Franchi, restauratore del Sacro Romano Impero.

Orlando: valorosissimo guerriero tra i paladini di Carlo Magno. Morì nella strage di Roncisvalle, nel 778.

Guglielmo d'Orange: tra i principali consiglieri di Carlo Magno. È protagonista di un celebre ciclo di poemi epici.

Rinoardo: saraceno di nobili origini; viene convertito da Guglielmo d'Orange e partecipa alle guerre contro gli infedeli e conclude la sua vita in un monastero.

Goffredo di Buglione: duca di Lorena, fu uno dei capi della prima crociata durante la quale fu protagonista della presa e della difesa di Gerusalemme, di cui fu fatto re. È il protagonista della *Gerusalemme liberata* del Tasso. Nato nel 1058, morì nel 1100.

Roberto il Guiscardo: nato in Normandia nel 1015, conquistò l'Italia meridionale togliendola ai Bizantini; ricevette l'investitura a duca di Puglia e di Calabria dal papa nel 1059. Morì a Cefalonia nel 1085.

Canto XIX

Il cielo di Giove

Categoria dei beati	Visione dei beati	Anime
Spiriti giudicanti	Luci in forma di una sentenza biblica e poi di un'aquila	Cfr. Canto XX

Il discorso dell'Aquila celeste. Un antico dubbio di Dante (vv. 1-33)

A Dante appare con ali aperte la bella figura dell'Aquila, che le anime insieme riunite formano, liete nel dolce godimento, *"frui"*, della beatitudine. Ciascuna anima appare come un piccolo rubino, in cui splende un raggio di sole tanto luminoso da riflettersi negli occhi dello spettatore. Ed ora Dante deve riferire ciò che mai voce umana abbia riferito, né penna abbia mai scritto, né mente umana abbia mai immaginato. Il poeta vede il becco dell'Aquila muoversi ed esprimersi in prima persona, cioè al singolare, mentre la voce esprime il pensiero di una molteplicità di spiriti, e così comincia a parlare: "Per aver esercitato giustizia e pietà io sono qui innalzata alla gloria celeste, che va al di sopra di ogni umano desiderio, ed in Terra lasciai una tale memoria di me che le genti cattive che sono *"lì"*, in Terra, sono costrette a lodarmi, ma non seguono le opere da me compiute". Come un unico calore esce da molti carboni accesi, così da quella voce esce un unico suono per molti spiriti. Dante prega gli spiriti beati che gli chiariscano un suo vecchio dubbio, che egli non ha bisogno di esporre perché le anime celesti leggono dentro la sua mente. Il dubbio è quello espresso ai vv. 76-78: *"Muore non battezzato e senza fede: / ov'è questa giustizia che 'l condanna? / ov'è la colpa sua, se el non crede?"*, cioè: "come può essere giusto che i buoni che vissero prima di Cristo siano condannati?".

Imperscrutabilità della divina giustizia (vv. 34-99)

Come un falcone che viene liberato dal cappuccetto che il cacciatore gli ha messo in testa perché non si agiti prima dell'inizio della caccia, alza la testa e fa festa sbattendo le ali, dimostrando desiderio di volare e pavoneggiandosi della sua libertà, così Dante vede atteggiarsi l'Aquila che con celesti canti comincia a parlare: "Dio, che nella creazione del mondo girò il suo compasso fino ad abbracciare gli estremi limiti del mondo, e in esso pose tante cose a noi nascoste o palesi, non poté imprimere in tutte le cose create il suo valore, in modo tale che il concetto della sua mente non rimanesse infinitamente superiore rispetto alle cose create. Ne è prova Lucifero, *"'l primo superbo"*, che, sebbene sommo fra le creature, per non avere aspettato la luce da Dio cadde non perfezionato. Di qui appare chiaro che ogni creatura inferiore a Lucifero è insufficiente a comprendere il Bene infinito, che si può misurare solo con se stesso.

Dunque, l'intelletto umano, che è necessariamente un raggio della mente divina, che riempie tutte le cose, non può, per sua natura, essere potente in misura tale che non debba vedere il suo principio, Dio, come posto al di là di quello che esso può vedere. Perciò l'intelletto umano non può penetrare nella giustizia divina, come l'occhio non può penetrare nella profondità del mare; il quale occhio, nonostante che dalla riva riesca a vedere il fondo, in alto mare non riesce più a vederlo; ma il fondo c'è: la profondità lo nasconde. Non vi è luce se non viene da Dio, cioè non vi è scienza vera, ma ignoranza, illusione e sensualità. Ora ti è abbastanza scoperto il luogo nascosto che ti impediva di vedere la viva giustizia divina, per cui ti ponevi ripetutamente la domanda".

L'Aquila coglie le argomentazioni di Dante e così continua: "Tu ti poni questa domanda: dov'è questa giustizia divina che condanna un uomo nato tra gli infedeli, sulle rive del fiume Indo, lontano dai paesi della Cristianità e i cui propositi ed opere sono buoni, le cui azioni della vita e i discorsi sono privi di peccati? Tu vuoi sedere sul seggio del giudice, vuoi dare un giudizio su cose che sono lontanissime, avendo una vista che non va al di là di una spanna?

Certo avrebbe molto da dubitare chi sottilmente si sforzasse di spiegare la divina giustizia, senza l'autorità della Sacra Scrittura. La volontà divina, che è di per se stessa buona, non si allontanò mai dall'essere in tutte le sue opere quel Sommo Bene che essa è: è giusto tutto ciò che si conforma a lei; nessun bene creato può attrarre a sé la volontà divina, ma essa, irradiando la sua luce, genera ogni bene".

E come la cicogna, dopo aver dato il cibo ai figli, vola, girando intorno sul nido, e il piccolo della cicogna gira lo sguardo verso la mamma dopo che è sazio, allo stesso modo si atteggia la benedetta figura dell'Aquila, che agita le ali per il movimento di tante volontà. E roteando intorno al poeta canta e dice: "Come tu non sei capace di intendere le parole del mio canto, così voi mortali non riuscite a intendere il giudizio divino".

La Fede senza le opere.
I Principi cristiani reprobi (vv. 100-148)

Appena si fermano quelle luci, splendenti dell'amore divino, sempre disposte nella figura dell'Aquila, simbolo dell'Impero, che rese i Romani degni di riverenza, l'Uccello riprende a parlare: "Nel Paradiso non salì mai chi non credette in Cristo venturo o in Cristo venuto; ma molti, che hanno sempre il nome di Cristo sulle labbra, nel giorno del giudizio finale saranno a lui meno vicini di altri che non lo conobbero, e l'uomo di Etiopia – cioè l'infedele in genere – condannerà i Cristiani cattivi, quando il giorno del giudizio finale si separeranno le due schiere, l'una ricca della grazia di Dio e l'altra priva. Questi infedeli diranno vituperi ai vostri re, vedendo le colpe di costoro scritte nel gran volume della giustizia divina. In questo libro si vedrà l'opera di Alberto I, la devastazione della Boemia; il dolore causato a Parigi da Filippo il Bello, il quale coniò la moneta falsa; la superba cupidigia di dominio del re di Scozia e del re di Inghilterra; la lussuria di Ferdinando IV, re di Castiglia, e di quello di Boemia, Venceslao IV; si vedrà un contrapposto di mille vizi ad ogni atto di virtù di Carlo II d'Angiò, re di Napoli e di Gerusalemme; l'avarizia e la viltà di Federico II, re di Sicilia, e appariranno le opere vergognose di suo zio e di suo fratello, i quali hanno disonorato l'egregia stirpe aragonese e le due corone, quelle di Aragona e quella di Sicilia. In quel libro si conosceranno quali furono il re di Portogallo, il re di Norvegia e il re di Serbia, che ha conosciuto e falsificato la moneta veneziana".

L'Aquila conclude augurando che l'Ungheria non si lasci malmenare dai suoi re e che il regno di Navarra resti immune dalla stirpe dei re di Francia, la cui tirannia può essere anticipata dal dominio di Arrigo II di Lusignano sopra Nicosia e Famagosta.

Questioni e temi

Il primo tema di questo canto riguarda la giustizia divina. L'Aquila degli spiriti giusti testimonia l'imperscrutabilità del cielo e il suo discorso sta a significare che il pensiero, e quindi la giustizia di Dio, non possono essere sondati dalla mente umana, che è limitata; perciò solo la rivelazione può rispondere alla domanda di Dante e non il ragionamento umano. La domanda di Dante pone una questione teologica e riguarda il destino dei pagani, cioè: perché coloro ai quali non è giunta la predicazione cristiana, pur avendo vissuto una vita moralmente perfetta, non possono essere ammessi al regno dei cieli? La risposta è nelle Sacre Scritture e cercare di coglierne il perché non è possibile, dato che il giudizio divino è imperscrutabile. Ogni uomo che ha fede sa che Dio, Sommo Bene, non può compiere se non il bene, perciò la sua giustizia è perfetta.

Così l'Aquila, che è segno di Dio, risolve il problema semplicemente ricordando che, essendo la mente umana limitata, non può comprendere la trascendenza di Dio se non grazie alla Fede.

Nella seconda parte del canto, con l'invettiva contro i re corrotti, i quali non operarono per il trionfo della giustizia, il tema della giustizia divina si collega a quello della giustizia terrena. L'Aquila precisa anche che nel giorno del giudizio molti cristiani, quelli che hanno avuto il nome di Dio solo sulle labbra, ma non nel cuore, saranno condannati; mentre molti infedeli saranno più vicini a Dio perché non basta la fede per salvarsi, ma occorrono anche opere buone.

PERSONAGGI

Alberto I: imperatore d'Austria, trascurò i destini dell'Italia per invadere, per pura cupidigia, il regno di Boemia.

Filippo il Bello: re di Francia; per far fronte ai bisogni di guerra coniò monete false. Morì sbalzato da cavallo per il colpo di un cinghiale.

Re scozzese e *Re inglese*: sovrani non bene identificati.

Ferdinando IV e *Venceslao IV*: rispettivamente re di Castiglia e re di Boemia, entrambi accusati di lussuria e di mollezza.

Carlo II d'Angiò: detto il Ciotto perché zoppo; ebbe il titolo onorifico di re di Gerusalemme.

Federico II d'Aragona: re di Sicilia.

Giacomo: zio di Federico II; re di Maiorca.

Giacomo II: fratello di Federico II; prima re di Sicilia e poi d'Aragona.

Dionisio Agricola: re del Portogallo.

Acone VII: re di Norvegia.

Stefano Uras II: re di Serbia, accusato di aver falsificato le monete del proprio paese con quelle veneziane di altissimo pregio.

Andrea III: re di Ungheria, ultimo di una dinastia di malgovernanti.

Arrigo II: re di Cipro, noto per la lussuria e per la sua crudeltà; fu accusato anche di aver ucciso il fratello.

Da notare che sono tutti re viventi al tempo in cui Dante immagina di effettuare il suo viaggio.

Canto XX

Il cielo di Giove

Categoria dei beati	Visione dei beati	Anime
Spiriti giudicanti	Luci in forma di una sentenza biblica e poi di un'aquila	Davide. Traiano. Ezechia. Costantino. Guglielmo il Buono. Rifeo

Il canto dei beati. L'occhio dell'Aquila, formato dai Principi giusti (vv. 1-79)

Quando il sole tramonta dall'emisfero dove è il mondo abitato così che la luce del giorno da ogni parte viene meno, il cielo, che prima si illumina della sua luce, improvvisamente ridiventa luminoso per le molte luci delle stelle nelle quali si riflette. Questo mutamento di luci nel cielo viene in mente a Dante non appena l'Aquila chiude il suo becco e tutte quelle anime che la formano, sempre più splendenti, cominciano ad intonare canti, che la memoria del poeta non è capace di ricordare. "O dolce amore divino che sei rivestito di un manto di luce, – esclama Dante – quanto apparivi splendente in quei piccoli flauti, il cui suono esprimeva solo santi pensieri".

Dopo che le anime, simili a piccole pietre preziose e lucenti, cessano di cantare, a Dante pare di udire un mormorio di acqua corrente, simile ad un fiume che scende limpido di sasso in sasso, mostrando con il suo scorrere la ricchezza d'acqua della cima del monte da cui scende. Poi, come il suono prende modulazione dal *"collo"* della cetra, e come il fiato del suonatore, che penetra nella zampogna, acquista forma di suono uscendo dai fori dello strumento, aperti e chiusi dalle dita dell'artista, così, rimosso ogni indugio provocato dall'attesa, quel mormorio indistinto che viene dall'Aquila sale su per il collo di essa, come se questo fosse vuoto. Nel collo il suono diviene voce ed esce attraverso il becco e si tramuta in parole, quelle parole che il cuore aspettava di sentire e che nel cuore rimangono scolpite.

L'Aquila ricomincia così a dire: "È necessario che tu fissi la parte di me – l'occhio – che vede e sostiene la luce del sole nelle aquile mortali, perché la luce delle anime con le quali io formo la mia figura, quelle per le quali l'occhio mi risplende, sono le maggiori, cioè gli spiriti più nobili. La luce che risplende nel mezzo dell'occhio come pupilla è lo spirito di Davide, il cantore dei Salmi ispirato dallo Spirito Santo, che trasportò l'Arca santa di luogo in luogo fino a Gerusalemme, ed ora conosce il merito del suo canto. Dei cinque splendori che mi circondano l'occhio a mo' di ciglio, il più vicino al becco è colui che consolò l'umile vedovella per l'uccisione del figlio rendendole giustizia, cioè l'imperatore Traiano, che *"ora conosce quanto caro costa / non seguir Cristo, per l'esperienza / di questa dolce vita e dell'opposta"*, cioè ora che in Paradiso può confrontare la nuova esperienza con quella dell'Inferno. La luce che risplende nella parte superiore del ciglio è Ezechia, re di Giuda, che ottenne da Dio di rinviare la morte di alcuni anni per fare penitenza dei suoi peccati; ora conosce che il giudizio di Dio è immutabile, anche se una preghiera degna di essere accolta fa avvenire domani ciò che doveva avvenire oggi. L'altro splendore, che segue nell'arco del ciglio, è l'imperatore Costantino, il quale, per fare posto al Pontefice in Roma, si trasferì a Bisanzio con lo Stato romano, *"le leggi"*, e con me, *"meco"*, che sono il simbolo dell'Impero, animato da buone intenzioni, che dettero mali risultati. Ora egli conosce come le conseguenze del suo operato non gli abbiano impedito di salire in Paradiso, nonostante il mondo sia stato rovinato. Lo splendore che vedi nella parte dell'arco del ciglio che discende è Guglielmo II il

Buono, rimpianto dalla Sicilia e da tutta l'Italia meridionale per l'attuale dominio di Carlo II d'Angiò e Federico II d'Aragona; egli ora conosce quanto sia caro al cielo un re giusto.

Chi in Terra potrebbe credere che il quinto splendore fosse il troiano Rifeo? Egli, ora che è beato, conosce abbastanza quello che gli uomini non possono conoscere della grazia divina, nonostante che il suo sguardo non riesca a penetrare nel profondo della grazia di Dio".

Come un'allodola, che gira volando nell'aria prima canta e poi tace, quasi a godersi le ultime note, tale appare a Dante la figura dell'Aquila, che è l'impronta di Dio, desiderando il quale ciascuna cosa diventa quale Dio l'ha formata in origine: *"tal mi sembiò l'imago che la 'mprenta / de l'eterno piacere, al cui disio / ciascuna cosa qual ell'è diventa"*.

I pagani e la loro eterna salvezza. La predestinazione (vv. 80-148)

A questo punto Dante non può trattenersi dall'esprimere un dubbio, provocatogli dal fatto di aver trovato in Paradiso due pagani. E, nonostante che sia in Paradiso e lasci trasparire ogni dubbio, non sopporta di aspettare una risposta tacendo, ma, con tutta la forza che preme nell'animo del poeta, le parole vengono spinte fuori: *"Che cose son queste?"*, cioè: "come mai due pagani, Rifeo e Traiano, possono essere in Paradiso?". L'Aquila, con occhio ancora più splendente, scioglie anche questo dubbio di Dante e così riprende a parlare: "Tu credi alle cose che dico perché sono io a dirle, ma la loro ragione ti rimane nascosta. Tu fai come colui che impara il nome di una cosa, ma non riesce a coglierne l'essenza se altri non la svela". Ora entra nel vivo della risposta: "Il regno dei cieli sopporta che gli sia fatta violenza solo da chi l'ama con ardore e da chi ha viva speranza in esso, perché amore e speranza insieme vincono la volontà divina. Il primo spirito, che risplende nel mio ciglio, ed il quinto, suscitano il tuo stupore perché sono in Paradiso. Essi, quando lasciarono i loro corpi, non erano pagani, ma cristiani; infatti il primo aveva creduto in Cristo venuto e l'altro in Cristo venturo; l'anima di Traiano, dall'Inferno, da dove non si può ritornare alla volontà di operare il bene, per merito delle ardenti preghiere di S. Gregorio Magno papa, tornò a rivestire le ossa umane, e in tale condizione credette in Dio come unico Salvatore. L'altra anima, quella di Rifeo, in virtù della grazia divina imperscrutabile, rivolse, vivendo in Terra, tutto il suo amore alla giustizia, e Dio gli rivelò la redenzione futura; per la qual cosa egli ripudiò il culto del paganesimo e fu battezzato, in via eccezionale, per mezzo delle tre virtù teologali: Fede, Speranza e Carità, più di mille anni prima che fosse istituito il Battesimo".

L'Aquila conclude dicendo che la "predestinazione" è una profondità nella quale la mente umana non può penetrare; perciò i mortali devono essere cauti nel giudicare il futuro destino delle anime, perché anche gli stessi beati del cielo non conoscono ancora tutti coloro che sono destinati alla salvezza, e di tale difetto sono contenti, perché il loro volere è conforme al volere di Dio.

Dante, dalle parole dell'Aquila ha capito che l'uomo rinunzia a perscrutare nella volontà di Dio soltanto grazie alla Fede. Intanto, mentre l'Aquila termina il suo discorso, Dante vede i due spiriti, Traiano e Rifeo, che si muovono scintillanti di gioia in accordo con le parole dell'Aquila, proprio con la stessa simultaneità con cui si battono le palpebre degli occhi.

Questioni e temi

Al tema della giustizia si è qui unito quello della grazia divina e quello della predestinazione.

Quest'ultimo si ricollega esplicitamente a quello della salvezza dei pagani, che furono *"senza peccato in vita od in sermoni"* (canto XIX, v. 75). Dio salva quelli che vogliono essere salvati; per quali vie Dio attui la salvezza è un mistero per tutti, anche per i beati.

Perciò, visti i limiti della conoscenza umana, che non può assolutamente penetrare nel giudizio divino, l'uomo deve affidarsi unicamente alla fede, secondo le verità rivelate dalle Scritture. Lo stesso dubbio di Dante è la conferma della incapacità del mortale ad attingere pienamente alle supreme verità.

Anche in questo canto il tema della luce occupa un posto importante. È tutta una poesia di luci mobili e splendenti che si sviluppa dall'inizio con l'accendersi del cielo grazie alla luce solare, e poi con lo scintillio di stelle al tramonto, con le *"vive luci, vie più lucendo"*, delle anime che formano l'Aquila; con *"l'occhio più acceso"* dell'Aquila (v. 85) e il fiammeggiare delle luci di Traiano e di Rifeo: *"le due luci benedette"* (v. 146). È tutto un continuo sfolgorio di luci che brillano e si irradiano.

PERSONAGGI

Davide: re d'Israele. Personaggio biblico, autore dei *Salmi*.

Traiano: imperatore romano dal 97 al 117 d.C. Uomo di grandi doti militari e politiche, portò l'impero alla massima espansione e governò saggiamente e con giustizia.

Ezechia: personaggio biblico; fu re di Giuda dal 725 al 695 a.C. Durante una malattia gli fu annunciata da Isaia la prossima morte, ma egli pregò tanto ardentemente da ottenere da Dio altri quindici anni di vita.

Costantino: imperatore romano; fu il primo degli imperatori a convertirsi al cristianesimo; legalizzò il culto cristiano con l'editto di Milano nel 312; trasferì la capitale dell'impero e la sua corte imperiale a Costantinopoli.

Guglielmo II d'Altavilla: re normanno di Sicilia e di Puglia dal 1166 al 1189; detto il Buono per la sua giustizia e per l'amore per la pace.

Rifeo troiano: personaggio dell'*Eneide* virgiliana, ritenuto l'eroe troiano più giusto di tutti. Si dice che Dio abbia fatto sì che egli conoscesse la futura redenzione dell'umanità; avendo egli creduto in Dio, meritò il Paradiso.

Canto XXI

Il cielo di Saturno

Categoria dei beati	Visione dei beati	Anime	Dubbi di Dante
Spiriti contemplanti	Una scala d'oro splendente su cui le anime salgono e scendono	S. Pier Damiano	La predestinazione

Salita al Settimo cielo. La scala celeste (vv. 1-42)

Terminato il discorso dell'Aquila, Dante rivolge gli occhi a Beatrice, la quale, questa volta, non sorride, perché è convinta che Dante incenerirebbe di fronte allo splendore del suo sorriso, proprio come successe a Semelè, la figlia di Cadmo. Infatti la bellezza di Beatrice diventa sempre più splendente quanto più si sale e, se non si moderasse, risplenderebbe tanto che la facoltà visiva di Dante, uomo mortale, di fronte a tanto splendore sarebbe simile al ramo di un albero che improvvisamente si spezza.

Beatrice annuncia al poeta che si sono innalzati al settimo cielo, quello di Saturno, il quale, trovandosi congiunto con la costellazione del Leone, irradia la sua influenza sulla Terra; invita, quindi, Dante a concentrare la sua attenzione su quello che vedranno i suoi occhi. Dante, confrontando il piacere di guardare la donna con il piacere di ubbidirle, trova quest'ultimo più intenso e, distolto da lei lo sguardo, lo rivolge a ciò che gli ha indicato Beatrice.

All'interno del settimo cielo, lucente come cristallo, che, girando intorno al mondo, porta il nome dell'antico re, Saturno, caro alle genti perché sotto il suo governo ogni malizia degli uomini fu annullata, Dante vede una scala di colore oro, che si alza tanto verso il cielo che egli non riesce a vederne la cima. Vede tanti spiriti splendenti scendere dall'alto lungo i gradini e, giunti ad un determinato scalino, separarsi, in modo tale che alcuni tornano su, altri scendono ai piedi della scala, altri roteando rimangono nello stesso luogo.

Due domande di Dante e relative risposte (vv. 43-82)

Lo spirito che si ferma più vicino a Dante e a Beatrice diventa sempre più lucente per il grande amore di carità; questo atteggiamento spinge Dante a fare domande, ma poiché Beatrice, dalla quale aspetta l'autorizzazione a poter parlare, non fa alcun cenno, egli non parla. Beatrice, vista la ragione del silenzio attraverso la contemplazione di Dio, in cui tutto si riflette, invita Dante a sciogliere il suo ardente desiderio, ed egli così prende a parlare: "Il mio merito non è tale da rendermi degno della tua risposta; ma per colei che mi concede di interrogarti, dimmi, o spirito beato, nascosto in questa luce che è segno della tua beatitudine, per quale ragione tu sei venuto così vicino a me e perché in questo cielo tace la *"sinfonia"*, il dolce suono dei beati, che nei cieli inferiori a questo risuona manifestando una sì grande devozione?" E lo spirito risponde cominciando dalla seconda domanda: "Tu hai la facoltà uditiva, come quella visiva, limitata così come si conviene ad un mortale, per cui qui non si canta per la stessa ragione per la quale il volto di Beatrice non si è illuminato maggiormente salendo in questo cielo, cioè per non sopraffare i tuoi deboli sensi. Io discesi fin qui, vicino a te, solo per farti festa e non perché in me ci sia più ardore di carità nei tuoi confronti; gli spiriti beati di questa scala ardono di carità più o meno come me, come puoi vedere dalla luce che tutti emanano; ma l'amore divino, al quale tutti siamo soggetti e che ci rende pronti ad ubbidire alla sua volontà, stabilisce a sorte a chi spetta un determinato compito, e a me è toccato quello di venirti più vicino". Il poeta capisce come in questo cielo basti la carità a fare eseguire ai beati i divini voleri; ma non capisce come mai proprio quello spirito e non un altro sia stato scelto per venire a parlare con lui. Dante non ha finito neppure di pronunciare l'ultima parola, quando lo spirito raggiante, girando su se stesso, risponde.

Lo spirito risponde a Dante; incomprensibilità della predestinazione (vv. 83-105)

"La luce divina – dice l'anima – si ferma sopra di me, penetrando in questo bagliore, nel quale io sono chiusa come in un ventre, e la potenza di questa luce divina, unendosi con il mio intelletto, mi innalza tanto al di sopra di me che io arrivo a vedere la suprema essenza, Dio, da cui deriva quella luce: da qui nasce la letizia di cui risplendo. Ma nessuno tra i beati, neppure tra i serafini, potrebbe soddisfare la tua domanda, poiché quello che tu chiedi penetra tanto dentro nel profondo dei decreti di Dio, che è del tutto separato dalla vista di ogni essere creato. E quando tu tornerai nel mondo, riferisci ciò ai mortali, perché essi non presumano di penetrare un così alto mistero, incomprensibile ai beati stessi".

Le parole dello spirito arrestano la curiosità di Dante, che, messa da parte la questione, si limita a domandare chi egli sia.

S. Pier Damiano. Contro il lusso dei prelati (vv. 106-142)

L'anima così riprende a parlare: "Tra le due sponde d'Italia, del Tirreno e dell'Adriatico, si innalzano dei sassi nell'Appennino, e, non molto distante dalla tua patria, Firenze, si innalzano tanto che i tuoni risuonano più in basso e formano una gobba che si chiama Catria, sotto la quale è consacrato un eremo che suole essere rivolto alla sola adorazione di Dio. In questo monastero, quello di S. Croce di Fonte Avellana, mi fermai con tanta intensa devozione al servizio di Dio, che solo nutrendomi di semplici cibi conditi di olio, trascorrevo le stagioni pago della mia vita contemplativa. Quel monastero soleva fruttare largamente anime beate al Paradiso, ed ora è diventato vuoto, sì che ciò non potrà non apparire presto palese al mondo. In quel monastero io vissi con il nome di Pier Damiano, e con quello di Pietro Peccatore nella chiesa di Santa Maria presso Ravenna, nel litorale adriatico. Mi rimaneva ancora poco da vivere, quando fui eletto, contro la mia volontà, alla carica cardinalizia, carica che oggi passa solo da un prelato cattivo ad uno peggiore". A questo punto il tono pacato di S. Pier Damiano diventa improvvisamente più alto: "Poi venne S. Pietro e venne S. Paolo, il Vaso d'elezione, secondo la denominazione evangelica, perché pieno dello Spirito Santo; l'uno e l'altro vennero sulla Terra affannati e scalzi e accettavano il cibo da chiunque lo offrisse loro. Ora, invece, i moderni prelati vogliono chi li sostenga e chi li aiuti a camminare, tanto son pesanti e ben pasciuti, e chi tenga la loro tunica alzata in segno di ossequio; usano mantelli così larghi e sontuosi che con essi coprono anche i loro cavalli, in modo che, quando sono in sella, due bestie procedono sotto una stessa copertura. Oh, pazienza di Dio, che sopporti tanta indegnità!". A queste parole molte anime dei contemplanti scendono per la scala roteando e, dopo essersi fermate intorno a S. Pier Damiano, mandano un grido così alto che Dante, sopraffatto dal rimbombo, non intende le parole.

Questioni e temi

Si può dire che questo canto, assieme al XXII, formi un preludio al trionfo di Cristo, nel canto XXIII. Siamo nel cielo di Saturno, dove regna un'atmosfera particolare: a differenza dei cieli precedenti, qui manca il sorriso luminoso di Beatrice e manca anche il coro armonioso delle anime.

In questo cielo Beatrice, verità rivelata, ha raggiunto con il culmine della bellezza anche quello della conoscenza razionale. Sorriderà più avanti, nei cieli superiori, quando ormai lo stadio della razionalità è superato nel totale abbandono in Dio. Le anime salgono e scendono da una scala luminosa, ma in silenzio, un silenzio che si romperà alla fine con un fragoroso grido delle anime. Le anime che scendono da Dio e vanno incontro all'uomo sono il segno evidente dell'amore caritativo.

L'idea della scala, simbolo della vita contemplativa, è ripresa da quella della *Bibbia*, come si dirà nel canto successivo. La scala celeste, che sale fino all'Empireo, rappresenta l'ascesa a Dio attraverso la meditazione religiosa, lungo i gradini della contemplazione mistica.

Non a caso Dante, in questo canto, sceglie la figura di Pier Damiano come rappresentante degli spiriti contemplanti e come colui che condanna la corruzione dei prelati. Il santo impersona l'ideale di un uomo religioso che alla vita mistica unisce l'azione attiva ed energica nel mondo; e la sua azione sulla Terra è la manifestazione dell'eterno volere di Dio.

Anche in questo canto è presente la questione teologica: il problema della predestinazione.

Nei canti precedenti si trattava di predestinazione alla salvezza, qui il tema generale è quello della Provvidenza *"che governa il mondo"* (Paradiso, canto XI, v. 28) senza che l'uomo possa capirne le vie e i fini, e tale possibilità non è data neppure alla mente di uno spirito contemplativo. Il mistero della volontà divina emerge anche dal fatto che l'anima non sa perché sia stata destinata, proprio lei, a muovere incontro a Dante.

Manifestazione dell'eterna volontà di Dio è da ritenere anche l'invettiva finale contro la corruzione della Chiesa, che qui ha una caratteristica diversa dalle altre: è quasi sarcastica e caricaturale; *"li moderni pastori"* sono grassi, ben pasciuti, e quindi ben piantati a terra, in contrasto con le anime beate che, velocissime, salgono e scendono i gradini della scala celeste.

PERSONAGGI

Pier Damiano: nato a Ravenna nel 1007; insegnò a Ravenna e altrove, poi, sui trent'anni, entrò nel monastero di S. Croce di Fonte Avellana, sotto il monte Catria, nell'Umbria, presso Gubbio. Eletto cardinale, fu vescovo di Ostia; ma poi tornò a fare la vita del monastero, come semplice monaco, assumendo per umiltà il nome di *Petrus peccator*; morì nel 1072. Fu dotto e grande letterato e condannò aspramente la corruzione della Chiesa. Collaborò con i grandi papi riformatori e volle la conciliazione del Papato e dell'Impero.

Canto XXII

Il cielo di Saturno

Categoria dei beati	Visione dei beati	Anime
Spiriti contemplanti	Una scala d'oro splendente su cui le anime salgono e scendono	S. Benedetto

Stupore di Dante per il grido dei contemplativi e conforto di Beatrice (vv. 1-30)

Dante, sopraffatto dallo stupore dinanzi al grido altissimo delle anime di Saturno, di cui non aveva inteso le parole, si volge a Beatrice come un fanciullo che ricorre alla mamma; la donna, come una madre che con le sue amorevoli parole conforta il figlio, viene in soccorso del poeta, pallido per lo sbigottimento e ansioso, e gli ricorda che sono in cielo, dove tutto è santo e tutto ciò che avviene è animato da sante intenzioni e deriva da ardore di carità: *"'l cielo è tutto santo, / e ciò che ci si fa vien da buon zelo"*. Poi gli dà spiegazione di quel grido e così dice: "Quale effetto straordinario avrebbero operato su di te il canto delle anime di Saturno, se avessero cantato, e il mio sorriso, se io mi fossi illuminata di un sorriso maggiore nel passare al cielo di Saturno, ora puoi capirlo, perché il grido ti ha tanto sconvolto. Nel quale grido, se tu avessi potuto capire la preghiera che vi era formulata, conosceresti la punizione divina, che vedrai prima di morire. La spada divina non ferisce, castigando, né troppo presto né troppo tardi, se non secondo il giudizio di chi l'aspetta desiderandola o temendola. Ma rivolgi l'attenzione ad altro: vedrai qui molti spiriti illustri". Come aveva suggerito Beatrice, Dante rivolge lo sguardo verso i beati e vede infinite anime a forma di sfera luminosa, che tutte insieme splendono sempre più illuminandosi l'una con l'altra. E mentre Dante se ne sta dubbioso e non fa domande, per non essere importuno, gli si fa innanzi lo spirito più lucente, quello di S. Benedetto, che gli parla.

S. Benedetto da Norcia (vv. 31-72)

"Se tu vedessi, come vedo io, – dice l'anima – lo spirito di amore che arde comune a tutti noi, tu esprimeresti senz'altro il tuo pensiero; perché tu, aspettando a parlare, non tardi a raggiungere l'alto scopo che ti proponi, io risponderò alla domanda che tu ti riguardi tanto dal fare: *"da che sì ti riguarde"*. Quella montagna, Monte Cassino, un tempo era frequentata da pagani, *"gente ingannata e mal disposta"*, ed io sono colui che per primo vi ha offerto il nome di Cristo, che portò in Terra, con la Rivelazione, la verità divina che tanto ci innalza; e tanta grazia divina splendette sopra di me, che riuscii ad allontanare i luoghi abitati circostanti dal culto pagano. Questi alti splendori, tutti spiriti contemplanti, sono uomini accesi di quel calore dell'amore divino che fa nascere pensieri ed opere santi. In questo cielo si trovano Maccario e Romualdo e i seguaci del mio Ordine, che furono fedelissimi alla vita del chiostro e mantennero l'animo ben saldo ai suoi precetti: *"li frati miei che dentro ai chiostri / fermar li piedi e tennero lo cor saldo"*.

Dante, incoraggiato dall'amore che lo spirito gli ha dimostrato, osa pregarlo di mostrarsi con l'immagine scoperta, cioè con la figura umana non più coperta di luce splendente. E lo spirito: "Fratello, il tuo volere sarà soddisfatto nell'Empireo, dove si adempirà il desiderio di tutti i beati che lì è perfetto, raggiunge la sua pienezza ed è compiuto in se stesso. In quella sola sfera ogni parte di essa rimane sempre al suo posto, cioè vi regna assoluta quiete, perché essa non è nello spazio e perciò non si muove come gli altri cieli intorno ai poli, e la scala del cielo di Saturno arriva fino ad essa, per cui sfugge alla tua vista. Fino alla sommità del cielo il patriarca Giacobbe, nel sogno, la vide estendere carica di Angeli, che salivano e scendevano."

La corruzione dei monasteri (vv. 73-99)

"Per salire questa scala – continua l'anima – cioè per elevarsi a Dio, nessuno dei frati ora si stacca dalle cose terrene e la regola dell'ordine benedettino è rimasta in Terra, solo perché si sciupino le carte su cui si ricopia, ma nessuno la segue. Le mura dei monasteri, che prima solevano formare monasteri veri, ora sono diventate spelonche di ladroni e le cappe monacali, le *"cocolle"*, sono simili a sacchi di farina andata a male. Ma la cosa che più dispiace a Dio è l'abuso che i monaci fanno delle rendite; poiché quello che la Chiesa ha in custodia spetta ai poveri e non agli altri. Tante sono le seduzioni dei mortali che le buone istituzioni durano pochi anni, nemmeno il periodo che va dalla nascita della quercia al suo metter fuori le ghiande. S. Pietro cominciò il suo apostolato senz'oro e senza argento, io con preghiere e digiuni e S. Francesco con la predicazione dell'umiltà; ma se guardi il principio di queste istituzioni e dove sono passate, tu vedrai che il bianco si è mutato in nero. Tuttavia il rimedio, sebbene difficile, non sarà impossibile". Poi lo spirito si riunisce alla sua compagnia, che si raggruppa e, stretta insieme, si leva in alto roteando.

Ascesa all'Ottavo cielo (delle Stelle Fisse). Invocazione ai Gemelli. Sguardo ai pianeti e alla Terra (vv. 100-154)

Beatrice con un cenno spinge Dante su per la celeste scala ed egli in un baleno scorge la costellazione dei gemelli e subito vi si vede dentro. Ricordandosi di essere nato sotto quella costellazione, il poeta ne invoca la virtù, dalla quale fa discendere il proprio ingegno, per poter compiere la parte più difficile del suo poema. E poiché ora egli vede più chiaro, perché è più vicino a Dio, Beatrice lo invita a guardare già e ad osservare quanta parte dell'Universo è rimasta sotto i suoi piedi. Dante con lo sguardo ripercorre tutti e sette i cieli che ha superato e vede la Terra di così piccole dimensioni che sorride della sua modesta apparenza, *"del suo vil sembiante"*, e approva l'opinione di chi la tiene meno in conto e pensa che si possa ritenere virtuoso colui che si occupa delle cose celesti e della Terra. Vede la Luna tutta luminosa, senza l'ombra delle macchie lunari, cosa che fu la causa di farla ritenere di spessore diverso. Sostiene la vista del Sole, figlio di Iperione, intorno al quale si muovono Mercurio e Venere; vede Giove, Saturno e Marte, e la ragione del loro mutar luogo nel loro movimento; e dei sette cieli conosce la grandezza e la velocità. Volgendosi con i "Gemelli", Dante contempla ancora *"l'aiuola che ci fa tanto feroci"*, cioè la Terra, che per le nostre passioni ed ambizioni ci fa combattere ferocemente gli uni contro gli altri. Poi volge di nuovo lo sguardo agli occhi di Beatrice.

Questioni e temi

Questo canto può essere visto come gemello del precedente: nel XXI parla S. Pier Damiano, qui si presenta S. Benedetto; tutti e due sommi rappresentanti del monachesimo medievale. Anche S. Benedetto esprime il suo rammarico e la deplorazione degli ordini monastici. Infine c'è la salita al cielo delle stelle fisse e lo sguardo al cammino già percorso.

Di S. Benedetto vengono messi in rilievo due aspetti fondamentali della sua vita: la fondazione del monastero di Monte Cassino, con la conversione degli abitanti pagani della zona, ed il concetto di "stabilità", elemento fondamentale della regola di S. Benedetto: *"li frati miei che dentro ai chiostri / fermar li piedi e tenner lo cor saldo"*.

E' da notare che, mentre nel canto di S. Francesco vi è la descrizione più o meno completa della vita del Santo, con particolare approfondimento delle sue nozze con la Povertà, con S. Benedetto Dante insiste sui due punti fondamentali del monachesimo e cioè: la conversione del paganesimo e la meditazione, punto fermo della Regola.

S. Benedetto è sicuramente colui che fuse gli ideali di meditazione e di azione (*Ora et labora*) e portò sulla Terra l'esempio assoluto della volontà divina; forse proprio per questo motivo Dante gli fa una richiesta, che mai a nessuno aveva fatto, di farsi vedere, cioè, in figura umana non ammantata da tanta luce.

S. Benedetto per raggiungere il suo fine ha meditato, pregato ed agito, ma ora l'uomo non lo segue, i frati si lasciano prendere dall'avidità e non rispettano più le regole della vita monastica. Il Santo, però, non si adira: si addolora e chiede l'intervento di Dio, il suo aiuto e non la vendetta.

Sia pure non adirato, ma addolorato e con tono malinconico, il Santo presenta il chiostro, segno in Terra del Paradiso, come una spelonca di ladri. Il mondo è degenerato e l'umiltà e la povertà dei fondatori degli ordini monastici è diventata religiosità solo esteriore, i cui valori non sono più quelli eterni, ma l'unico valore è il denaro.

Veloce, ma non istantanea, è l'immagine dell'ascesa al cielo delle stelle fisse, forse perché Dante, salendo la scala celeste, è prossimo all'Empireo, cioè a Dio.

Dante, nel salire al cielo delle stelle fisse, giunge alla costellazione dei Gemelli, la stella sotto il cui influsso nacque.

Egli dall'alto del cielo stellato guarda tutto il cammino percorso e non si compiace dei suoi meriti, ma ringrazia la Divina

Provvidenza che lo ha portato fin qui, che ha dato al suo ingegno la possibilità di portare la verità al mondo.

All'inizio del canto appare Beatrice, che, pur essendo simbolo della teologia, non perde la figura di donna, di madre che conforta il proprio figlio; forse questa caratteristica vuole introdurre, sia pure alla lontana, l'apparizione della Vergine Maria, che avverrà più avanti.

Personaggi

Benedetto da Norcia: nato nel 480 e morto nel 543. Fondatore del monachesimo occidentale. Visse dapprima nella grotta di Subiaco, segregato dal mondo, poi si trasferì a Monte Cassino, dove fece abbattere il tempio di Apollo ed eresse il famoso monastero, che divenne il centro dell'ordine benedettino da lui fondato.

Maccario: forse S. Maccario Alessandrino, vissuto nel IV sec. d.C.; seguace di S. Antonio, sta qui a rappresentare il monachesimo orientale.

Romualdo degli Onesti: da Ravenna, fondatore, intorno al 1018, dell'ordine dei Camaldolesi e del famoso Eremo di Camaldoli, in Toscana.

Canto XXIII

Il cielo Stellato

Categoria dei beati	Visione dei beati	Anime
Spiriti trionfanti	Trionfo di Cristo. Migliaia di luci illuminate da Cristo. L'incoronazione di Maria SS. Canti celestiali	S. Pietro Apostolo

Il trionfo di Gesù Cristo (vv. 1-45)

Il canto si apre con una delicata similitudine. Come l'uccello, dopo essersi riposato nel nido delle sue creature, durante la notte, fissa gli occhi verso il sorgere dell'alba per poter guardare i suoi piccoli sin dalle prime luci e per essere pronto a volare in cerca di cibo, si colloca fuori dal nido su un ramo e con ardente desiderio aspetta il sole, così Beatrice se ne sta con lo sguardo fisso nella parte alta del cielo, dove il sole è a mezzogiorno, nell'atteggiamento di chi attende e desidera qualcosa. Dante, vedendola così, desidera ardentemente conoscere il perché, ma frena il suo desiderio con la speranza che presto sarà appagato. In brevissimo tempo, però, il cielo diventa sempre più luminoso e Beatrice esclama: *"Ecco le schiere / del trionfo di Cristo e tutto il frutto / ricolto nel girar di queste sfere!"*. A Dante sembra di vedere gli occhi di Beatrice illuminarsi ancora di più per la gioia. Come nei pleniluni sereni la luna splende in mezzo alle stelle, le quali rendono tutte le parti del cielo una viva pittura di luci, così a Dante sembra di vedere, sopra un numero infinito di luci, uno splendore vivissimo che le accende tutte, e attraverso questo bagliore vivo traspare la fonte stessa della luce, *"la lucente sostanza"*, tanto luminosa che i suoi occhi non la possono sostenere: Gesù Cristo. Beatrice spiega a Dante che quella luce che vince la sua vista è la divina Virtù, è la Sapienza e la Potenza di Dio, che ha aperto agli uomini le strade del cielo, delle quali in passato hanno avuto un lungo desiderio. A tale spettacolo il poeta, inebriato, esce di sé e non ricorda più quello che avviene.

Il sorriso di Beatrice. La milizia celeste (vv. 46-87)

Beatrice invita Dante ad aprire gli occhi e a guardarla, perché ora la visione di Cristo ha dato agli occhi di lui una potenza soprannaturale, per cui può sostenere il suo sorriso. Dante si sente come colui che riprende i sensi uscendo da un sogno che ha già dimenticato e cerca invano di richiamarlo alla mente. Mentre è in tale stato, Dante ode l'invito di Beatrice, degno di tanta gratitudine da renderlo indelebile nel libro della memoria. Ma il *"santo riso"* di Beatrice è indescrivibile e Dante confessa di non saper ritrarne neppure la millesima parte, anche se gli venissero in aiuto tutti i poeti che Polimnia, Musa della poesia lirica, e tutte le sorelle, le altre Muse, nutrirono con il loro latte dolcissimo. E così, nel rappresentare il Paradiso, bisogna che il sacro poema faccia un salto, come fa chi trova la sua strada interrotta da un fosso; cioè Dante esprime l'insufficienza delle sue forze nel trattare la grandezza del tema. Non è mare che si possa navigare con una piccola barca quello che si accinge a fendere con la sua prua, né è adatto ad un nocchiero che voglia fare risparmio di forze: *"ch'a se medesmo parca"*.

Ora Beatrice esorta Dante a distogliere lo sguardo da lei e a rivolgerlo al trionfo delle schiere dei beati, che sbocciano come i fiori in un giardino sotto i raggi della luce di Cristo. Nel giardino vi è la rosa, Maria Vergine, nel grembo della quale nacque Cristo; qui sono gli apostoli, *"li gigli"*, dall'insegnamento dei quali gli uomini presero la retta via.

Dante torna ad affrontare la battaglia della sua debole vista con quella eccessiva luce e vede numerose schiere di beati, intensamente illuminate dai raggi ardenti che provengono da Gesù Cristo, il quale si è già innalzato verso l'Empireo per permettere allo sguardo del poeta, che non è capace di sostenere la vista di Lui, di contemplare le risplendenti anime dei beati.

Il trionfo di Maria Santissima e il suo ritorno all'Empireo. L'inno alla Regina del cielo (vv. 88-139)

Il nome della rosa – Maria Vergine – pronunciato da Beatrice, nome che Dante invoca mattina e sera nelle sue preghiere, fa concentrare tutte le forze dell'animo del poeta nel cercare di distinguere lo splendore maggiore, quello di Maria. E appena la qualità e la quantità della viva luce, che in cielo supera ogni altra luminosità e in Terra supera ogni creatura umana, si riflette negli occhi di Dante, ecco scendere per il cielo uno splendore, *"una facella"*, l'Arcangelo Gabriele, a forma di ghirlanda circolare che gira intorno alla Vergine e intona un cantico di melodia celestiale a Lei che è *"il bel zaffiro / del quale il ciel più chiaro s'inzaffira"*.

La voce melodiosa dell'Arcangelo Gabriele, acquistando il suono di una lira, intona il suo canto: "Io sono spirito angelico ardente d'amore, che giro tutt'intorno alla divina beatitudine che emana dal grembo di Maria Vergine, la quale accolse in sé Gesù Cristo, oggetto di desiderio di noi angeli, e continuerò a girare fino a che seguirai tuo Figlio, sollevatosi all'Empireo, e renderai maggiormente divino l'Empireo dopo che vi sarai entrata". Così si chiude il canto dell'Arcangelo che gira e tutti gli altri splendori beati rispondono cantando il nome di Maria.

La Vergine, coronata dall'Arcangelo con i suoi giri, si leva in alto, dietro Gesù Cristo, suo Figlio; ma gli occhi di Dante non la possono seguire, per la eccessiva distanza della cavità interiore del Primo Mobile.

E come il bambino che, dopo aver preso il latte, tende le braccia verso la madre, perché l'animo manifesta il suo amore alla fine in questo gesto esteriore, così ciascuna di quelle anime candide si protende verso l'alto con la sua luce splendente, sì che rende manifesto il profondo affetto che ha per Maria Vergine.

Poi quelle anime si fermano e cantano con infinita dolcezza "*Regina Coeli*", l'antifona cantata dalla Chiesa nel periodo Pasquale.

A questo punto Dante prorompe in una esclamazione di meraviglia e di gioia insieme: "Oh, quanta è l'abbondanza di beatitudine che è chiusa in quelle anime, che in Terra furono seminatrici di buone opere! Qui, in Paradiso, godono della ricchezza, della beatitudine acquistata come premio per i sacrifici e i dolori nella vita terrena. Qui fra i beati, sotto Gesù Cristo e in compagnia dei beati dell'Antico e del Nuovo Testamento, S. Pietro, che è colui che custodisce le chiavi del Paradiso, trionfa della vittoria di Cristo sul male".

Questioni e temi

È opinione di buona parte della critica considerare questo canto una mirabile introduzione a tutto il cielo superiore e soprattutto alla visione di Dio nell'ultimo canto del Paradiso. La luce di Cristo, che qui abbaglia, là sarà chiaramente visibile grazie all'intercessione di Maria, che già qui viene invocata.

Il canto si svolge su varie sequenze e varie similitudini, a ciascuna delle quali corrisponde una luce particolare.

D'ora in poi, con l'arrivo al cielo delle stelle fisse, Dante confesserà di non poter più ridire i miracoli e gli spettacoli che vedrà, perché le parole umane non hanno la capacità di esprimere fenomeni così sublimi. Ma il poeta riuscirà a dire ciò che ha visto servendosi di figure, perché questo è il compito del "sacrato poema". Qualcosa di simile Dante lo aveva già detto all'inizio della cantica, dove ci avvertiva dell'utilità dell'analogia: "*significar per verba / non si paia; però l'esemplo basti / a cui esperienza grazia serba*" (Canto I, vv. 71-72).

Particolare importanza assume anche il problema della vista di Dante, che via via acquista sempre più forza; anche se in particolari momenti, come, ad esempio, dinanzi alla luce diretta che emana Cristo, egli è costretto ad abbassare gli occhi; e questo avverrà molto spesso anche nei canti successivi. Ma una nuova virtù gli permetterà qui di contemplare Beatrice ed il mirabile spettacolo del trionfo di Maria.

Questo canto solitamente viene diviso in due parti essenziali: il trionfo di Cristo ed il trionfo di Maria.

Il trionfo di Cristo non consiste in un classico "trionfo", cioè nella figura trionfante di Cristo, preceduto o seguito dai beati, ma è visto come tripudio dei beati, disposti intorno a Cristo che li sovrasta con la sua luce, come per premiarli del loro successo sul male e sul peccato.

Nella seconda parte del canto assistiamo al trionfo di Maria, la quale è vista come regina del cielo che, pur essendo in comunione d'amore con gli uomini, vuole completare la gloria di Cristo. Tra tutti i beati Dante cerca la "rosa", simbolo di Maria, e la riconosce per il maggior splendore che essa emana; accanto a lei un altro splendore, che la circonda e ne canta le lodi, è l'Arcangelo Gabriele. Bella è l'immagine di Maria che, avvolta dalla luce dell'Arcangelo, che forma intorno a lei una ghirlanda, si leva verso l'alto dietro suo Figlio, mentre i beati protendono la cima della loro luce verso l'alto come per seguirla, in segno del loro affetto. L'immagine delle braccia protese del bambino verso la madre ci riporta a quella in apertura del canto della madre-uccello, che aspetta la luce per poter guardare con affetto e più chiaramente i propri figli.

PERSONAGGI

Arcangelo Gabriele: l'angelo che annunciò a Maria la santa concezione di Gesù Cristo.

Maria: madre di Gesù Cristo.

S. Pietro: apostolo di Gesù.

Canto XXIV

Il cielo Stellato

Categoria dei beati	Visione dei beati	Anime
Spiriti trionfanti	Cfr. Canto XXIII	S. Pietro Apostolo

Preghiera di Beatrice ai beati. Il gaudio dell'amore celeste (vv. 1-18)

Beatrice prega le anime, comparse con il trionfo di Cristo e di Maria nel cielo delle stelle fisse, di spargere, in qualche modo, la divina sapienza su Dante, e così comincia: "O compagnia di beati che siete stati eletti per partecipare alla beatitudine celeste, cioè al banchetto in cui è cibo Gesù Cristo, il quale vi "ciba" di sé: se Dante può anticipatamente gustare i resti della vostra mensa prima di morire, considerate il suo immenso desiderio di conoscere le cose divine e irroratelo alquanto della sapienza delle cose celesti". Accolta la preghiera di Beatrice, le anime si dispongono in sfere rotanti sull'estremità di un asse fisso, risplendendo intensamente come comete; e nel danzare fanno conoscere il loro differente grado di gloria a seconda che danzino veloci o lente: *"differentemente / danzando, che la sua ricchezza / mi facien stimar, veloci e lente"*.

S. Pietro e Beatrice (vv. 19-45)

Dalla ruota di anime che appare più luminosa, Dante vede uscire una luce molto splendente di beatitudine, la più fulgida di tutte, che gira tre volte intorno a Beatrice ed intona un canto dolcissimo che il poeta non riesce a descrivere, pertanto preferisce non provarsi nemmeno a rappresentarlo con la penna. Lo spirito splendente, fermatosi, si rivolge a Beatrice e così parla: "O Beatrice, santa sorella mia, che con tanta devozione mi preghi, tu, con la forza del tuo affetto, mi fai uscire da quella bella corona di beati". E Beatrice prega lo spirito del grande uomo, S. Pietro, a cui Dio lasciò le chiavi del Paradiso, *"di questo gaudio miro"*, di esaminare Dante sui punti facili e difficili della fede. Certo, allo spirito è palese, dal momento che può rivolgere il suo sguardo in Dio, che Dante possiede nel modo giusto la Carità, la Speranza e la Fede; tuttavia, aggiunge Beatrice, poiché il regno del Paradiso ha acquistato cittadini in virtù della vera Fede, sarà opportuno che Dante parli di essa perché venga glorificata.

L'esame che S. Pietro fa a Dante sulla Fede. Il concetto della Fede (vv. 46-78)

Dante, sentendo di dover essere esaminato intorno alla Fede, si prepara a rispondere, richiamando alla memoria alcuni argomenti per sostenere la questione, come fa il baccelliere, cioè colui che deve sostenere l'esame di dottorato, davanti al maestro. "Mostrati quel bravo credente che sei – dice lo spirito – che cos'è la Fede?". Dante prima volge lo sguardo alla luce da cui provengono tali parole, poi osserva Beatrice, la quale lo guarda con espressione di consenso e lo invita a dire ciò che egli sente dentro di sé. Il poeta, dopo aver invocato la Grazia divina che l'assista, risponde: "Secondo quello che ha scritto S. Paolo, tuo fratello, il quale insieme con te ha messo Roma sul buon cammino della fede cristiana, la Fede è il fondamento primo delle cose che si sperano e argomentazione per credere quelle cose che noi non vediamo; e questa mi sembra la sua essenza, *"Fede è sustanza di cose sperate, / ed argomento delle non parventi; / e questa pare a me sua quidditate"*.

"Bene, – risponde S. Pietro – pensi giustamente, purché ti renda ben conto perché S. Paolo definì prima la Fede come sostanza e poi come argomento".

E Dante: "I profondi misteri, che mi concedono qui la loro chiara visione, sono così nascosti agli occhi dei mortali che la loro esistenza vive solo per la Fede, nella quale si fonda la speranza della salvezza e della beatitudine eterna; e perciò assume il concetto di principio fondamentale. Da questa Fede è necessario che noi traiamo tutti i nostri ragionamenti, senza poter vedere altro, *"senz'avere altra vista"*; perciò la Fede assume il carattere di argomento".

Il possesso e la sorgente della Fede.
Prove della verità della Fede (vv. 79-114)

E S. Pietro riprende: "Se nel mondo ogni dottrina fosse appresa così bene, non vi sarebbero più sofisti. Hai esposto molto bene il concetto della Fede, ma ce l'hai veramente questa Fede?"

"Sì – risponde Dante – l'ho, e così pura e intera, che su di essa non ho alcun dubbio"

"Da dove essa ti viene?", continua l'Apostolo; e Dante risponde: "L'abbondante pioggia dello Spirito Santo, che è sparsa nei libri del Vecchio e del Nuovo Testamento, è di per sé un'argomentazione che mi ha dimostrato la Fede con tanta forza che in confronto ad essa ogni altra dimostrazione mi appare debole". A questo punto il santo vuole sapere da Dante per quale motivo egli ritiene che le Sacre Scritture sono ispirate da Dio. E Dante risponde: "La prova che mi fa vedere la verità sono *"l'opere seguite"*, i miracoli avvenuti, nei quali la natura non può intervenire, come fa il fabbro arroventando e battendo il ferro per compiere la sua opera".

E S. Pietro chiede ancora: "Ma chi ti assicura che i miracoli siano avvenuti? Te lo assicura soltanto il libro delle Sacre Scritture, e non un'altra fonte". Al che il poeta: "Se il mondo ha abbracciato il Cristianesimo senza l'intervento dei miracoli, è già un tale miracolo, *"questo è tal"*, che gli altri sarebbero la centesima parte di esso; perché tu, vivendo nella povertà e nell'astinenza, cioè privo di mezzi materiali e di scienza, predicasti nel mondo la fede cristiana, che fu già prospera vite, ed ora per la corruzione della Chiesa è divenuta uno sterile sterpo, *"è fatta pruno"*. Finito questo discorso, l'alta corte dei beati, il Paradiso, fa risuonare la celeste melodia *"Te Deum laudamus"*.

L'oggetto della Fede (vv. 115-154)

S. Pietro approva le risposte del poeta sulla Fede e passa all'ultima domanda: "Ora è necessario che tu mi dica quali cose formano l'oggetto del tuo Credo e perché le credi".

"O Santo Padre – risponde Dante – tu che ora, come anima, vedi chiaramente in Dio, vuoi sapere l'essenza della mia pronta Fede; ebbene io ti dico che credo in un Dio solo ed eterno, che, senza essere mosso, muove tutto il cielo diffondendo intorno amore e desiderio di sé. Di ciò non ho né prove fisiche né metafisiche, ma me lo fa credere anche la verità che di qui, dal cielo, discende attraverso il Vecchio Testamento ed il Nuovo e anche dagli Atti di voi Apostoli, che scriveste dopo che l'amore dello Spirito Santo vi fece santi. E credo in tre Persone eterne, che ritengo una sola essenza. Di questa misteriosa natura di Dio, Uno e Trino, il Vangelo mi ha impresso più volte nella mente la certezza. Questo mistero della Trinità è il principio e la fiammella, che si trasforma, dilatandosi, nella grande fiamma, che brilla nell'animo mio come una stella in cielo". E con l'atteggiamento del padrone che abbraccia il servo, rallegrandosi della notizia, improvvisamente S. Pietro tace e, per dimostrare il suo compiacimento, gira tre volte intorno a Dante e, cantando, lo benedice.

Questioni e temi

Il canto, come del resto i due successivi, è incentrato sull'esame che Dante deve sostenere sulle tre virtù teologali; qui l'esame verte sulla conoscenza e sul possesso della Fede. L'allievo si sottopone all'esame, secondo lo schema degli esami universitari, dove il candidato prepara i suoi argomenti e le risposte e aspetta che il professore gli faccia la domanda, *"è come il baccellier s'arma e non parla"*.

Solo se il poeta avrà dimostrato di possedere tutte le nozioni esatte sulla Fede, potrà salire nell'ultimo cielo, cioè nel vero Paradiso, dove il suo sguardo potrà finalmente sostenere la luce di Dio. Nelle risposte Dante insiste sulle verità rivelate nelle Sacre Scritture, alle quali deve sempre riferirsi un perfetto Cristiano. In questo canto il maestro è S. Pietro, che come S. Giacomo e S. Giovanni, rispettivamente nei canti XXV e XXVI, rappresenta la Virtù e la sua vita in Terra fu *"figura di tali virtù"*.

È notevole il fatto che qui Dante ci vuole dare la precisa immagine di sé di un fervente credente possessore della verità rivelata, perciò il canto si conclude con la benedizione di S. Pietro.

PERSONAGGI

S. Pietro: tra i primi e principali apostoli di Gesù, al quale fu dato il compito di fondare la Chiesa e furono consegnate le chiavi del Paradiso, per poter rimettere i peccati rendendo così l'uomo degno della salvezza. Fu il primo vescovo e il primo papa a Roma.

Canto XXV

Il cielo Stellato

Categoria dei beati	Visione dei beati	Anime
Spiriti trionfanti	Cfr. Canto XXIII	S. Pietro. S. Giacomo. S. Giovanni

Sospiro di Dante per la Patria.
Apparizione di S. Giacomo (vv. 1-27)

L'approvazione di S. Pietro alle risposte date dal poeta sulla Fede, fa pensare a Dante di riuscire con la sua opera a piegare la crudele volontà dei fiorentini, che lo costringono a stare fuori da Firenze, sua diletta patria. Il suo poema sacro, al quale hanno fornito ispirazione le cose celesti e le cose terrene, *"al quale ha posto mano e cielo e terra"*, e che gli ha imposto un lavoro così pesante da consumargli le forze fisiche farà sì che egli sia riconosciuto come poeta e sia incoronato in S. Giovanni, proprio in quella fonte battesimale dove ricevette la Fede Cristiana.

Intanto da quella sfera di anime rotanti, da cui era uscito S. Pietro, primo vicario di Cristo sulla Terra, esce un altro spirito, che Beatrice indica come l'apostolo S. Giacomo, in omaggio al quale, sulla Terra, si va in pellegrinaggio in Galizia, in Spagna.

Come quando due colombi si avvicinano e si girano intorno per dimostrarsi affetto, così i due apostoli, Pietro e Giacomo, si fanno amorevole accoglienza e lodano la Divina Grazia; poi, dopo aver sospeso il loro inno di lode a Dio, entrambi si fermano e ciascuno dei due è così splendente da sopraffare la vista di Dante che sta davanti a loro.

L'esame che S. Giacomo fa a Dante sulla Speranza (vv. 28-99)

Beatrice a questo punto invita S. Giacomo a parlare a Dante della Speranza, dal momento che egli sa bene cosa sia, poiché nel Vangelo la simboleggia tutte le volte che Gesù fa maggiore manifestazione d'affetto ai tre apostoli, Pietro, Giacomo e Giovanni, *"Jesù ai tre fe' più carezza"*. Il santo invita Dante a sollevare gli occhi, che fino ad allora ha tenuto bassi per la luce emanata dalle anime; così il poeta guarda i due apostoli che, per la loro eccellenza, si alzano come monti. Lo spirito parla a Dante: "Il nostro imperatore, Dio, per sua grazia, vuole che tu, prima della morte terrena, ti ponga di fronte ai beati, nella sala più nascosta di questa corte, in modo che, dopo aver conosciuto la verità intorno a questa sede celeste, tu dica cos'è la Speranza, come tu la possiedi e da dove ti viene".

E Beatrice, che ha guidato Dante ad un così alto volo, lo previene, rispondendo ella stessa alla seconda domanda: "La Chiesa, che raccoglie tutti i Cristiani che militano sotto di essa, non ha alcun figliolo che possieda più di lui la Speranza, come è scritto in Dio. Perciò gli è concesso di venire al cielo dalla Terra, per vedere il Paradiso prima della morte, *"anzi che 'l militar li sia perscritto"*. Lascio a lui le risposte alle altre due domande che hai fatto, non per sapere il suo pensiero, perché non ne hai bisogno, ma perché egli possa riferire agli uomini quanto questa virtù ti stia a cuore, e sicuramente lo farà senza difficoltà e senza avere occasione di vantarsi".

Come lo scolaro che pronto e volenteroso risponde al maestro, così Dante risponde alla prima e alla terza domanda, cioè sul concetto e sulla sorgente della Speranza. "La Speranza – afferma – è un'attesa sicura della gloria celeste, la quale è prodotta dalla grazia divina e da meriti da noi precedentemente acquistati. Questa splendida virtù mi viene da molti sacri scrittori, ma per primo la fece scendere nel mio cuore David, che fu nei suoi salmi il più alto cantore di Dio, e poi da te, o S. Giacomo, che con la tua *Epistola*, mi infondesti tanta speranza che io ne sono pieno e la riverso negli altri".

Mentre Dante parla, lo spirito è come tutto un incendio di luce e lampeggia con apparizioni improvvise e frequenti, come avviene con l'arcobaleno. Il santo riprende l'esame, facendo notare che il suo amore per questa virtù, che lo seguì fino al martirio e alla morte, lo induce a riparlarne e a chiedere al poeta *"quello che la speranza t'impromette"*. Dante risponde: "Il Nuovo ed il Vecchio Testamento stabiliscono la meta delle anime che vivono in grazia di Dio, e questa meta, cioè la beatitudine eterna, mi addita ciò che mi promette la Speranza. Isaia afferma che ciascuna delle anime elette sarà ricoperta, nel cielo, di doppia veste, della beatitudine dell'anima e del corpo; e l'apostolo Giovanni ci manifesta questa stessa rivelazione in modo più chiaro nell'*Apocalisse*, dove parla delle schiere di anime che stanno davanti a Dio vestite di *'bianche stole"*. Alla fine delle sue parole, Dante sente alcuni beati che cantano *"Sperent in te"* e tutti gli altri continuano in coro.

L'apparizione di S. Giovanni (vv. 100-139)

Intonato il salmo, uno dei lumi di quelle anime si fa più splendente e si pone accanto a S. Pietro e a S. Paolo, unendosi al canto e al loro girare. Beatrice, tenendo fisso lo sguardo sui tre beati senza mai distoglierlo, simile ad una sposa che nella sua festa di nozze se ne sta silenziosa ed immobile, addita al poeta la nuova luce, dicendo: "Questi è S. Giovanni, l'apostolo prediletto da Cristo, che nell'ultima cena riposò sul letto di lui e che fu da lui scelto al grande compito di far da figlio a Maria".

Come colui che aguzza la vista e si sforza di vedere l'eclissi parziale del sole e per voler vedere troppo non vede più nulla, perché rimane abbagliato dal sole, tale diventa Dante davanti a quest'ultimo splendore, cioè S. Giovanni, il quale così parla al poeta: "Perché ti abbagli per vedere cosa che qui non vi può essere? (Dante pensava di poter vedere il corpo di S. Giovanni). Il mio corpo è in Terra insieme agli altri corpi, fino a che il numero di noi beati sarà pari a quello che in eterno Dio stabilirà il giorno del Giudizio Finale, *"con l'eterno proposito s'agguagli"*. Con il corpo e l'anima, con le due vesti, sono solo Cristo e Maria, le due luci che poco fa hai visto salire nell'Empireo; questo devi riferire agli uomini".

Dopo queste parole i tre apostoli con tutti i beati si fermano, smettono di cantare e di danzare improvvisamente, proprio come fanno i timoni di una nave di fronte ad un pericolo inaspettato o anche per una eccessiva fatica. Dante si rivolge a Beatrice e rimane molto turbato perché non gli riesce vederla, tanto è abbagliato, nonostante ella gli sia vicino e nel regno della luce.

Questioni e temi

È possibile considerare anche questo canto, come il precedente, un canto dottrinale. Qui Dante sostiene l'esame sulla Speranza. Ancora una volta nelle risposte il poeta fa riferimento, come punto fermo per un vero cristiano, alle Sacre Scritture.

Il maestro è S. Giacomo e sostanzialmente l'esame si svolge secondo le modalità di quello sulla Fede, benché qui intervenga anche Beatrice, che risponde alla prima domanda al posto di Dante.

Bisogna notare che all'inizio di questo canto che tratta della Speranza, virtù teologale, Dante ha inserito egregiamente la speranza individuale, cioè quella dell'esule che vuole tornare alla sua Firenze, ma vuole tornarci come "poeta", cioè come colui che, narrando una individuale vicenda di salvezza, invita tutta l'umanità a redimersi. Tornare a Firenze, quindi, come portatore di verità, come poeta-profeta, che con la stesura del capolavoro, *"al quale ha posto mano e cielo e terra"* (v. 2), sia testimone dell'ordine divino contro il disordine del mondo terreno.

Nella seconda parte del canto appare S. Giovanni, che esaminerà Dante sulla terza virtù, la Carità. L'apparizione del terzo apostolo provoca, con il suo eccezionale splendore, la momentanea cecità di Dante. L'episodio sta a significare che le leggende nate dal sentimentalismo cristiano devono essere rifiutate, perché, accettandole, l'uomo rischia di accecarsi. Naturalmente si fa riferimento alla credenza secondo la quale S. Giovanni sarebbe stato assunto in cielo con tutto il corpo.

PERSONAGGI

S. *Pietro*: cfr. canto precedente.

S. *Giacomo*: fu tra gli apostoli prediletti da Cristo. Detto S. Jacopo Maggiore, figlio di Zebedeo e fratello dell'evangelista Giovanni. Fu decapitato sotto Erode Agrippa I. Il suo sepolcro, a Santiago di Campostella, in Galizia, era meta di frequenti pellegrinaggi. Gli fu attribuita una *Epistola* della quale quasi sicuramente è stato autore Giacomo Apostolo il Minore.

S. *Giovanni*: discepolo prediletto di Gesù Cristo. Originario della Galilea, predicò il Vangelo presso gli Efesini nel 66. Secondo la tradizione, sarebbe l'autore del *IV Vangelo*.

Canto XXVI

Il cielo Stellato

Categoria dei beati	Visione dei beati	Anime
Spiriti trionfanti	Cfr. Canto XXIII	S. Pietro. S. Giacomo. S. Giovanni. Adamo

L'esame che S. Giacomo fa a Dante sulla Carità (vv. 1-69)

Mentre Dante è turbato a causa della vista che gli era venuta meno, abbagliato dalla luce di S. Giovanni, viene scosso dalla voce dell'Apostolo, il quale comincia a rivolgergli alcune domande sulla Carità: "Intanto che tu – dice S. Giovanni – ritorni nel possesso della facoltà visiva che hai perduta nel rivolgerti a me, è opportuno che tu cominci a ragionare con me, dicendomi a quale punto si ferma la tua anima, cioè qual è l'oggetto finale di essa. Fai conto che la tua possibilità di vedere sia solo temporaneamente perduta e non scomparsa del tutto; perché Beatrice che ti accompagna per questo mondo divino ha nel suo sguardo la stessa virtù risanatrice che ebbe la mano di Anania (quando guarì Saulo dalla cecità)". Dante, rincuorato, accetta che prima o poi venga da Beatrice il risanamento dei suoi occhi, attraverso i quali ella entrò in lui col fuoco d'amore di cui egli sempre arde, e risponde alla domanda del beato dicendo che il Bene supremo che allieta la corte celeste è il principio, *"Alfa"*, e la fine, *"Omega"*, di ogni affetto grande o piccolo che Amore genera nel suo animo. E il santo continua a chiedere: "Chi indirizzò l'arco del tuo amore a tale bersaglio?"; cioè: "quali sono i motivi che ti inducono ad amare Dio?". "Attraverso le dimostrazioni dei filosofi – risponde Dante – e per l'autorità della parola divina che scende dal cielo, con la rivelazione, come è detto nelle Sacre Scritture, è necessario che l'amore di Dio si imprima in me; perché il bene, in quanto tale, appena si intende, subito fa nascere amore di sé, e tanto maggiore quanto più il bene è in sé perfetto. Ora, essendo Dio il Bene Sommo, di cui tutti gli altri beni non sono che un raggio, a lui, più che ad ogni altra cosa, è necessario che l'uomo volga con amore la sua mente. Tale verità me la insegnò Aristotele, dimostrandomi che Dio è il Bene Supremo, a cui si rivolgono con amore tutte le anime. E lo dimostra la parola di Dio stesso, *"la voce del verace autore"*, quando dice a Mosè, parlando di sé: *"Io ti farò vedere ogni valore"*, cioè tutto ciò che è buono; e me lo dimostri tu stesso quando cominci l'alto bando, l'*Apocalisse*, che proclama i misteri del cielo, *"l'arcano di qui"*, in Terra, *"là giù"*, con forza superiore ad ogni altro bando". E ancora continua S. Giovanni: "Tu, dunque, per argomenti umani e per autorità divina, tra loro concordi, ami Dio sopra ogni altra cosa; ma dimmi ancora se avverti altre ragioni che ti attraggono verso il Sommo Bene". Dante, che conosce le intenzioni di S. Giovanni, *"l'aguglia di Cristo"*, risponde che tutti gli stimoli che lo hanno indotto ad amare Dio gli sono venuti da: l'esistenza del mondo, rivelatrice di quella di Dio; l'esistenza di se stesso, dovuta alla creazione di Dio; la morte che Dio, fattosi uomo, sostenne, perché a lui fosse aperta la via del cielo, e la beatitudine eterna, che è la sua speranza e quella di ogni altro credente. Tutte queste cose hanno tolto Dante dal falso amore, cioè dall'amore per le cose terrene, per farlo approdare alla riva dell'amore di Dio: *"tratto m'hanno del mar de l'amor torto, / e del diritto m'han posto a la riva"*. E il poeta continua dicendo che egli ama le creature umane in virtù della bontà e della perfezione che Dio ha comunicato ad esse.

Finito l'esame, i beati intonano un canto di lode a Dio per rallegrarsi delle risposte date dal poeta sulla Carità: *"Santo, santo, santo"*.

Dante riacquista la vista. Compare Adamo il quale risponde a quattro quesiti posti da Dante (vv. 70-142)

Come per una intensa luce si esce dal sonno e colui che si sveglia riflette un attimo su ciò che vede prima di essere completamente sicuro dell'immagine, così gli occhi del poeta si liberano da ogni velo ed egli può vedere tutto chiaramente, meglio di prima, e, poiché è stupito di vedere accanto a sé un quarto splendore, Beatrice gli dice che quella è la luce di Adamo, la prima anima creata da Dio. Come l'albero piega la sua cima al passar del vento e poi si rialza per la forza della propria natura che lo spinge verso l'alto, così fa Dante mentre Beatrice parla. Prima china il capo in segno di riverenza davanti al beato, poi, spinto dal desiderio di parlargli, lo prega di appagare il suo desiderio, che egli non esprime per non porre indugio ad ascoltare. L'anima di Adamo, attraverso la luce che lo avvolge, dimostra la sua gioia di soddisfare il desiderio del poeta e gli dice: "Io conosco bene, senza che tu me lo chieda, il tuo desiderio, perché lo vedo in Dio. Tu vuoi sapere quando Dio mi pose nel Paradiso Terrestre; quanto tempo vi stetti; la causa della punizione divina e il linguaggio che creai ed usai". Adamo comincia a rispondere partendo dal terzo quesito e così dice: "La causa della mia cacciata dal paradiso terrestre, non fu l'aver assaggiato il frutto dell'albero proibito, cosa tanto grave poi per l'umanità, ma solo il fatto che io ed Eva andammo oltre i limiti prestabiliti da Dio". E continua dando al poeta tutte le altre risposte: "Dal Limbo, da dove Beatrice fece muovere Virgilio per venirti in aiuto, io desiderai giungere a questo concilio di beati per quattromila e trecentodue anni, e vidi il sole tornare novecentotrenta volte su tutti i segni dello zodiaco, durante il tempo che stetti sulla Terra. La lingua che io parlai fu del tutto scomparsa prima che il popolo di Nembiot fosse tutto intento alla costruzione della torre di Babele, perché quello che è prodotto dalla umana ragione non può durare in eterno, giacché il gusto umano si rinnova. È opera della natura che l'uomo parli, ma è frutto di libera scelta il parlare in un modo o nell'altro. Prima che io giungessi nel Limbo, Dio era chiamato dagli uomini con la lettera *"I"*. Poi si chiamò *"EL"*, e ciò è naturale, perché le parole usate dai mortali, sono come le foglie di un albero, del quale l'una cade e una nuova germoglia", *"ché l'uso dei mortali è come fronda / in ramo, che sen va e l'altra viene"*.

Ed ecco la risposta alla quarta domanda, che in ordine risponde al secondo quesito: "Nel Paradiso terrestre io dimorai innocente, prima del peccato, e colpevole dopo il peccato; dalla prima ora del giorno a quella che segue il mezzogiorno, quando il sole muta quadrante". Cioè Adamo dice di essere stato nel Paradiso Terrestre sette ore.

Questioni e temi

Vi è qui un'ultima conferma del carattere provvidenziale del viaggio di Dante. Egli ha voluto vedere direttamente, cioè misticamente, e si è accecato; ciò significa che il poeta non è ancora pronto per la via mistica e deve ancora fare ricorso alla Teologia. Beatrice è la sua vera teologa, che gli renderà la vista e lo aiuterà a "vedere" esattamente le cose. Ma prima Dante deve sostenere l'ultimo esame: quello sulla Carità. È stato notato da più critici come il poeta, che molto spesso ha parlato della "carità" delle anime nei cieli, qui mostri una certa freddezza. Egli definisce la carità come amore ardente fra le creature e verso Dio, che è il Sommo Bene, ma forse le risposte a questo terzo ed ultimo esame sono basate più sulla razionalità. Sembra anche di capire che Dante più che della carità voglia parlare della giustizia, quella virtù non teologica, ma umana e sociale, per il trionfo della quale il poeta ha lottato tutta la vita.

Alla metà del canto, con la riacquistata vista, grazie alla virtù risanatrice di Beatrice, è tornato ad essere l'uomo perfetto che può aspirare alla rosa dell'Empireo, grazie alla Carità di Cristo che ha redento tutti.

Dante incontra il primo essere perfetto creato da Dio: è Adamo, al quale il poeta rivolge alcune domande, due delle quali di particolare interesse: il peccato e la lingua di Adamo. L'uomo ha peccato perché non è rimasto nei limiti dell'umano; e Dante ritorna ancora una volta al tema della misura come fondamento del vivere religioso e civile e al tema della follia di chi si oppone ai disegni di Dio (vedi Lucifero; Paradiso, canto XIX, vv. 47-48).

Sulla questione della lingua di Adamo, è da osservare che Dante riteneva immutabile l'ebraico, appunto la lingua di Adamo, perché creata direttamente da Dio (Cfr. *De Vulgari Eloquentia*); qui, invece, la sua opinione è mutata: ogni linguaggio, quindi anche quello di Adamo, è sottoposto alle leggi naturali della trasformazione; quindi l'ebraico non è stato creato direttamente da Dio, il quale diede all'uomo la parola, non una lingua determinata.

PERSONAGGI

S. Giacomo: cfr. canto precedente.

S. Giovanni: cfr. canto precedente.

Adamo: il primo uomo, creato direttamente da Dio, progenitore di tutta l'umanità. Collocato da Dio nel Paradiso Terrestre, ne fu cacciato, assieme ad Eva, la prima donna, creata da una costola di Adamo, perché trasgredì all'unico precetto divino: la proibizione di non mangiare i frutti dell'albero del bene e del male; causa, questa, del peccato originale per il quale agli uomini fu impedita la salvezza eterna.

Canto XXVII

Il cielo Stellato

Categoria dei beati	Visione dei beati	Anime
Spiriti trionfanti	Cfr. Canto XXIII	Cfr. Canto XXVI

Inno di ringraziamento. Invettiva contro i papi (vv. 1-78)

Tutti i beati del Paradiso, per rendere grazie alla SS. Trinità, intonano: *"Gloria al Padre, al Figlio, a lo Spirito Santo"*, con tanta dolcezza che Dante rimane estasiato e prorompe in una esclamazione, con la quale esalta la gioia, l'amore, la pace e la ricchezza perfetta e sicura del Paradiso.

Davanti a Dante ci sono i quattro splendori, cioè i tre Apostoli con Adamo. S. Pietro, che è apparso prima degli altri, diventa via via più splendente, tanto quanto il pianeta di Giove, che è bianco argenteo, diverrebbe se potesse scambiare il suo aspetto con quello infuocato del pianeta Marte, così come farebbero due uccelli se si potessero scambiare il colore delle penne. Rivolto a Dante, il santo, tra il silenzio del coro dei beati, esclama: "Non ti meravigliare se io cambio colore; mentre io parlo vedrai tutti i beati cambiare colore". Tutti, infatti, assieme a S. Pietro diventano rossi di sdegno. "Colui che in Terra – continua l'Apostolo – indebitamente occupa la sedia pontificale, che è come vacante in cospetto di Cristo, ha fatto di Roma e del Vaticano, dove io sono sepolto, la fogna dove si riversano il sangue delle discordie civili e il puzzo dei peccati, per cui Lucifero ne gode". A queste parole tutte le anime dei beati diventano rosse di sdegno; e anche Beatrice, pur rimanendo sicura di sé e inattaccabile dagli errori degli altri, si fa timida e confusa e cambia aspetto, abbassando gli occhi in modo che intorno a lei non splenda più la luce. Poi S. Pietro continua con tono ancora più alterato e ancora rosso di sdegno: "La Chiesa non fu certo allevata col sangue mio, di Lino e di Cleto – altri pontefici – perché servisse a questo scopo di lucro, bensì per far acquistare agli uomini questa vita beata del cielo; e perciò tutti i vescovi di Roma e martiri della Chiesa, quali furono Sisto, Pio, Callisto e Urbano, morirono dopo aver molto pianto per aver sofferto tormenti e persecuzioni. Non fu nostra intenzione che la Cristianità fosse divisa in due, in modo che una parte sedesse alla destra del pontefice, l'altra a sinistra; né che le chiavi che mi furono affidate, simbolo dell'autorità pontificia, diventassero emblema in una bandiera che combattesse contro i Cristiani. Né che la mia immagine fosse il sigillo che sanzionasse la validità di carte atte a stabilire privilegi mercanteggiati e, come tali, non validi, per cui io spesso arrossisco di vergogna e sfavillo d'ira. Sotto forma di pastori di anime, si vedono in tutte le chiese lupi rapaci. O attività protettrice di Dio, perché te ne stai ancora inerte? Giovanni XXII di Caorsa e Clemente V di Guascogna si preparano a bere del nostro sangue, cioè approfittano della Chiesa che è frutto del sangue di noi martiri. O Chiesa, che hai cominciato così bene la tua vita, quale vile fine affronti, per la corruzione e la vergogna di indegni pontefici! Ma la Provvidenza divina, che con Scipione Africano preservò Roma dal pericolo cartaginese, verrà presto in aiuto, come io penso. E tu, o figliolo – rivolto a Dante – che a causa del corpo mortale, tornerai sulla Terra, dì chiaramente agli uomini ciò che io non nascondo a te". Come l'aria della Terra è piena di fiocchi di neve, che scendono quando la costellazione del Capricorno accoglie in sé il Sole, così Dante vede il cielo in alto adornarsi di spiriti trionfanti e riempirsi di essi come fossero fiocchi di neve. Lo sguardo di Dante segue l'aspetto del cielo finché lo spazio tra gli occhi e gli spiriti non diviene eccessivo ed impedisce di guardare in alto. A questo punto Beatrice esorta Dante ad abbassare lo sguardo per vedere quale giro ha percorso muovendosi insieme al cielo.

CIELO: PRIMO MOBILE

Categoria dei beati	Visione dei beati	Anime
Spiriti trionfanti	Cfr. Canto XXIII	Cfr. Canto XXVI

Sguardo alla terra. Ascensione al Nono cielo (Primo Mobile) (vv. 79-105)

Dante, guardando in giù, si accorge che dall'ultima volta che aveva volto lo sguardo in tale direzione ad ora sono passate sei ore; così dal punto dove ora si trova in cielo, cioè a perpendicolo su Cadice, può vedere questa città da una parte, e dall'altra il lido di Fenicia; e vedrebbe una parte della Terra ancora maggiore se il Sole non procedesse sotto i suoi piedi, lontano da lui una costellazione intera e parte di un'altra. Sicché la mente del poeta, sempre piena d'amore che continuamente vagheggia Beatrice, desidera più che mai rivolgere a lei gli occhi. E se la natura o l'arte umana avessero prodotto, in corpi umani o in pitture, bellezze tali da attrarre a sé gli occhi, tutte le bellezze messe insieme apparirebbero niente in confronto a quella divina che risplende negli occhi del poeta quando si gira a guardare Beatrice che sorride. La potenza elargita dallo sguardo di lei toglie con forza Dante dalla costellazione del Gemelli e lo spinge nel cielo più veloce di tutti, il cielo cristallino o Primo Mobile. Il poeta non sa dire in quale parte del nono cielo Beatrice lo abbia posto, perché le parti di esso sono tutte uguali. E Beatrice, che conosce il suo desiderio, con un sorriso dal quale traspare la beatitudine e la luce divina, comincia a parlare.

Natura del Primo Mobile. Lamento sull'umana cupidigia (vv. 106-148)

"Da questo cielo – dice Beatrice –, come da suo principio, trae l'impulso la natura del mondo. Esso non è contenuto che nella Mente Divina, dove si accende l'amore che lo fa girare e la virtù che influisce nei cieli sottoposti. Il movimento del cielo Cristallino non è misurato da quello di un altro cielo, *"ma li altri son mensurati da questo"*, così come il dieci è misurato e generato dal cinque, che è la sua metà, e dal due, che ne è la quinta parte. Quindi da questo cielo deriva la misura del tempo". Ora Beatrice deplora l'ignoranza terrena degli uomini, i quali non riescono a comprendere queste alte verità ed esclama: "O cupidigia dei beni terreni, che tieni sottoposti a te gli uomini, che nessuno può alzare gli occhi sopra le onde del tuo mare in tempesta! Certo negli uomini fiorisce la buona volontà, ma l'imperversare delle passioni la fa marcire, così come la pioggia incessante rende marce le susine buone. La vera fede e la vera innocenza si trova solo nei fanciulli; poi esse scompaiono prima che le guance del giovinetto si coprano di barba. C'è chi osserva i digiuni della Chiesa quando è fanciullo e balbetta ancora, ma quando ha la lingua ben sciolta mangia in maniera ingorda senza distinguere se è l'epoca giusta dell'anno oppure no, *"che poi divora, come la lingua sciolta / qualunque cibo per qualunque luna"*. E chi, da fanciullo, ubbidiva alla madre, in età matura la vorrebbe morta. Non devi stupirti di ciò, perché la famiglia umana non ha chi la guidi giustamente. Ma presto, prima che passi un lungo tempo, cioè molto prima di quel che pensi, questi cieli del Paradiso faranno sentire un tale influsso sulla Terra che la tempesta, che gli uomini pii aspettano, farà volgere le poppe delle navi al posto delle prue, sì che la flotta correrà diritta alla sua meta e alle promesse e alle speranza seguiranno buoni frutti, *"e vero frutto verrà dopo 'l fiore"*.

Questioni e temi

Le invettive di S. Pietro e di Beatrice costituiscono il tema dominante del canto. S. Pietro inveisce contro i papi corrotti e decaduti al punto tale da portare i Cristiani a dividersi in due parti nemiche e diversamente trattate. Ma sicuramente la Provvidenza di Dio troverà presto un giusto rimedio, così come il sangue e il dolore dei primi mártiri ha portato la salvezza di Cristo, dei mártiri e dei primi papi evangelici e poveri. E con la chiusura dell'invettiva di S. Pietro, si definisce la sacra missione di Dante: egli deve, per investitura divina, svelare agli uomini la corruzione della Chiesa e farsi annunciatore del prossimo rinnovamento: *"E tu, figliuol, che per lo mortal pondo / ancor giù tornerai, apri la bocca, / e non ascon-der quel ch'io non ascondo"*.

Tra l'invettiva di S. Pietro e quella di Beatrice c'è il ritorno dei beati nell'Empireo, con la splendida nevicata dal basso verso l'alto, e l'ultimo sguardo di Dante alla Terra prima di entrare nel Primo Mobile; da ora in poi lo sguardo sarà rivolto verso l'alto, verso Dio.

Anche l'invettiva di Beatrice contro la cupidigia umana, si conclude con una profezia di speranza: presto Dio interverrà a riportare ordine e giustizia tra gli uomini in Terra.

PERSONAGGI

S. Pietro: cfr. canto XXIV.
S. Giacomo: cfr. canto XXV.
S. Giovanni: cfr. canto XXV. Cfr. anche p. 137 e p. 142.
Adamo: : cfr. canto precedente.

Canto XXVIII

Il cielo Cristallino

Categoria dei beati	Visione dei beati	Dubbi di Dante
Gerarchie angeliche e loro trionfo	Un punto piccolissimo e luminosissimo, intorno al quale girano nove cerchi di fuoco: i cori angelici	Il movimento dei cieli e la loro corrispondenza con i nove cerchi dei Cori angelici

Un punto luminoso circondato da nove cerchi (vv. 1-39)

Dopo che Beatrice, in contrapposizione alla vita attuale degli uomini, ha dimostrato quale dovrebbe essere la vera vita, il "vero" Dante guarda negli occhi di lei e vede in essi un punto luminosissimo che lo costringe a rivolgersi indietro, perché la luce pare riflessa perfettamente da un'altra fonte. Il poeta si rivolge al cielo, per accertarsi che l'immagine sia vera, e vede un punto che irradia una luce così forte che l'occhio di chi lo guarda bisogna che si chiuda, per la forte intensità della luce. Questa luce è Dio. Quel punto è talmente piccolo che la più piccola stella, collocata accanto ad esso, sembrerebbe grande come la Luna. Intorno a quel punto un cerchio di fuoco fa da alone e gira velocissimo, con tale rapidità da superare quella del Primo Mobile. Questo cerchio è circondato da un altro, e quest'altro da un terzo e poi da un quarto e così di seguito fino a nove. Ciascuno di questi cerchi gira più lentamente secondo la minore o maggiore distanza dal primo cerchio; quello che fiammeggia di più è quello più vicino al punto centrale.

La corrispondenza tra i nove cieli e i nove cerchi (vv. 40-78)

Beatrice, che vede Dante meravigliato e desideroso di conoscere la ragione di tale spettacolo, gli dice: "Da quel punto luminoso "*dipende il cielo e tutta la natura*"; e il cerchio che gli è più vicino è così veloce nel suo movimento per l'ardente amore da cui è spinto". E Dante soggiunge: "Io vedo che nel mondo sensibile le sfere procedono in ordine inverso, poiché esse sono tanto più veloci quanto più lontane sono dal centro intorno a cui girano; qui avviene l'inverso. Perciò, per essere del tutto soddisfatto, in questa sede degli Angeli, mi è necessario conoscere come mai il modello e ciò che è il riflesso di questo modello "*come l'esemplo / e l'esemplare*" non procedano alla stessa maniera, perché io con la mia sola forza guardo inutilmente". E Beatrice a lui: "Se tu da solo con le tue forze non riesci a risolvere una simile questione, ascolta quello che ti dirò, se vuoi rimanere persuaso di quello che hai visto; aguzza il tuo ingegno intorno a ciò. I cerchi che appartengono al mondo sensibile sono larghi e stretti, "*arti*", secondo la maggiore o minore virtù, che contengono diffusa in ogni loro parte. Una maggiore virtù non può generare maggiori influssi salutari; un corpo maggiore contiene maggiori influssi benefici se il corpo del cielo ha ugualmente perfette tutte le parti di cui è composto. Perciò il cielo Cristallino o Primo Mobile, che trascina nel suo moto tutto quanto l'altro universo, corrisponde a quello dei cerchi dei cori angelici, che più è animato da amore e da sapienza, "*che più ama e più sape*" (cioè al cerchio dei Serafini); per la qual cosa, se tu tieni conto della virtù intrinseca dei cieli e dei cerchi e non della loro larghezza e piccolezza, vedrai che vi è una mirabile corrispondenza tra il maggiore cielo e la maggiore Intelligenza e tra il minore cielo e la minore Intelligenza".

Lo sfavillio dei cerchi (vv. 79-139)

Dante, ora che Beatrice gli ha rischiarato la mente ed ha sciolto ogni dubbio, si paragona ad un cielo sereno dopo che la nebbia è stata spazzata via; finalmente egli vede la verità in maniera così chiara come si vede chiara rilucere una stella in cielo. Terminato il discorso di Beatrice, dai nove cori angelici escono innumerevoli scintille; le scintille sono tante che il loro numero si inoltra nelle migliaia. Dante sente da un cerchio all'altro cantare *"Osanna"* verso il punto immobile, Dio, che li tiene e li terrà in eterno fermi nei luoghi in cui, *"ubi"*, essi sono stati destinati.

Beatrice legge nella mente di Dante che egli ha dei dubbi sulla distribuzione dei cori angelici e prende a spiegare: "I primi due cerchi sono dei Serafini e dei Cherubini; essi girano con tanta velocità per assomigliare, quanto più possono, al punto. Gli altri angeli che girano intorno si chiamano Troni di Dio, in quanto riflettono l'aspetto di Dio, figurato come su un trono a giudicare le cose umane, e furono da Dio destinati a chiudere il gruppo delle prime tre gerarchie angeliche. Tutti godono di una beatitudine proporzionata alla cognizione che essi hanno di Dio: da qui si può vedere come la beatitudine consiste nel vedere Dio ed il merito è misura di questa, merito che è prodotto dalla Grazia divina e dalla buona volontà.

Il secondo gruppo di gerarchie angeliche, in questa eterna primavera canta *"Osanna"* con tre melodie che risuonano in tre cori di angeli, attraverso i quali il gruppo degli angeli diventa triplice: Dominazioni, Virtù e Potestà.

Nei due penultimi cerchi, tripudianti di gioia, sono i Principati e gli Arcangeli, e l'ultimo cerchio è degli Angeli Festeggianti. Questi cori, rispetto all'in su, si volgono fissi verso Dio, rispetto all'in giù, influiscono sui cieli sottostanti, sì che sono attratti verso Dio e attraggono a sé i cieli inferiori, *"tutti tirati sono, e tutti tirano"*. Dionigi l'Areopagita nominò e classificò questi cori angelici così come ho fatto io; S. Gregorio Magno, invece, enunciò un diverso ordinamento dei cori angelici, per cui appena entrò in Paradiso e vide come stavano le cose, sorrise dell'opinione diversa che aveva avuto da vivo. E se Dionigi, uomo mortale, poté mostrare in Terra delle verità così misteriose, non voglio che tu ti meravigli, perché a lui furono mostrate, assieme ad altre verità di questi cieli celesti, da colui che vide questa misteriosa verità quassù in cielo, cioè S. Paolo".

Questioni e temi

Ormai siamo lontani dalla Terra, il poeta è nelle profondità abissali di Dio. Qui non basta più la semplice scienza, ma è necessaria la scienza illuminata delle Sacre Scritture, perché le affermazioni che vengono da dati razionali, possono essere errate anche se a sostenerle sono papi santi o santi filosofi.

Questo canto ed il successivo sono dedicati al problema degli angeli. Bisogna osservare che qui l'angelo non è più visto come amico e compagno dell'uomo, come vuole l'antica tradizione popolare, ma è colui che garantisce l'armonia universale del Creato, il motore del mondo, motore mosso da Dio. In questo mondo celeste l'angelo non ha più la figura antropomorfa, come quelli incontrati nell'Inferno e soprattutto nel Purgatorio, ma si presenta nella sua essenza spirituale sotto forma di luce. Del resto anche Dio si presenta come punto luminosissimo, Punto dal quale deriva tutto, anche la luce, che è grazia ed è ciò che costituisce i cieli stessi: una luce priva di materialità e che supera le facoltà umane, anche quelle di Dante, ormai tanto arricchite.

È da notare che in questo canto non si trovano schiere di anime, ma schiere angeliche distribuite in tre gerarchie, comprendenti ciascuna tre ordini. Si hanno quindi nove cerchi concentrici di fuoco che girano, con diversa velocità ed ardore, intorno ad un punto centrale luminosissimo, in cui è rappresentato Dio. A partire dall'ordine più vicino a Dio, i nove cerchi sono: Serafini, Cherubini, Troni; Denominazioni, Virtù, Potestà; Principati, Arcangeli, Angeli.

Canto XXIX

Il cielo Cristallino o Primo Mobile

Categoria dei beati	**Dubbi di Dante**
Gerarchie angeliche	La creazione degli Angeli. La caduta dei ribelli. Le facoltà angeliche. Il numero degli angeli

La creazione degli Angeli (vv. 1-45)

Dopo aver esposto la teoria delle gerarchie angeliche, Beatrice tace per un momento, guardando fisso nel punto che aveva abbagliato il poeta; poi riprende così a parlare: "Ti dico, senza stare a domandarti, quello che tu desideri sapere, perché l'ho letto in Dio, in cui termina ogni spazio ed ogni tempo, *"là 've s'appunta ogni ubi e ogni quando"*. A questo punto Beatrice spiega a Dante perché, quando, dove e come Dio creò gli Angeli: "Non per acquistare a sé altro bene, la qual cosa non può essere, perché Dio è supremo e perfetto, ma affinché lo splendore divino potesse affermare la propria sussistenza, *"potesse dir Subsisto"*, splendendo in altre anime. Nella sua vita eterna, al di là di ogni tempo, fuori da ogni altra realtà che lo comprenda, Dio spontaneamente si aprì, cioè si moltiplicò in nuove creature amanti, gli Angeli. Né prima della creazione degli Angeli se ne stette inoperoso, perché l'opera della creazione, *"lo discorrere di Dio sovra quest'acque"*, non ebbe né prima né dopo, cioè non è determinabile nel tempo. La forma e la materia, sia allo stato puro, scisse l'una dall'altra, sia unite insieme, formarono un'unica realtà in sé compiuta, come da un unico arco provvisto di tre corde scoccano contemporaneamente tre saette. E come attraverso il vetro, l'ombra o il cristallo un raggio di luce risplende sì che dal percuotersi in essi all'apparir tutto non vi è intervallo di tempo, così la triplice creazione della forma pura, della materia pura e della materia congiunta alla forma, da Dio si irradiò tutta insieme nella sua realtà, senza che un momento si distinguesse dall'altro nell'atto del suo nascere. Insieme con le dette "sustanze" fu creato e stabilito l'ordine loro; così le sostanze puramente attive, cioè le sostanze angeliche, furono poste nell'Empireo; quelle puramente passive, pura materia, sulla Terra; quelle passive e attive insieme, cioè i cieli, furono poste nel mezzo. S. Gerolamo lasciò scritto per voi che vi fu un lungo corso di secoli dalla creazione degli Angeli alla creazione del mondo; ma questa verità è scritta in molti luoghi dagli scrittori ispirati dallo Spirito Santo e tu te ne accorgerai se farai bene attenzione. Di ciò si rende conto anche la ragione umana, la quale non potrebbe ammettere che gli Angeli, che sono i motori dei cieli, siano stati tanto tempo senza essere perfetti, dal momento che il loro compito di muovere i cieli dipende dalla loro perfezione".

Gli Angeli ribelli e gli Angeli fedeli a Dio (vv. 46-69)

Beatrice continua: "Ora tu sai dove, quando e come furono creati gli Angeli, sicché tre dubbi ti sono stati sciolti. Ma una parte di Angeli precipitò subito dal cielo, mentre l'altra parte, che non smette mai di girare intorno a Dio, rimase in cielo e cominciò con piacere a svolgere il compito che tu vedi. La caduta degli angeli ribelli fu causata dalla superbia di Lucifero, che tu hai visto al centro dell'Inferno. Gli Angeli che tu vedi qui nel cielo si riconobbero come derivanti dalla Bontà divina che li aveva resi atti ad intendere sì grandi cose, perciò le loro facoltà visive furono accresciute dalla Grazia illuminante di Dio e dal loro merito nell'accoglierla. Io voglio che tu non abbia dubbio alcuno nel fatto che l'ottenere la Grazia dipende da un proprio merito e il merito dipende dall'amore con cui l'anima si apre ad essa, *"secondo che l'affetto l'è aperto"*. Ormai, se hai capito il senso delle mie parole, puoi soffermarti da solo a considerare molte altre cose sugli Angeli, senza l'aiuto di nessuno".

Le facoltà angeliche. Invettive contro i falsi filosofi e i predicatori inutili (vv. 70-126)

"Ma poiché laggiù – continua Beatrice – nelle vostre scuole si insegna che gli Angeli possiedono le tre facoltà, intelligenza, memoria e volontà, io voglio aggiungere che qui c'è un equivoco: gli Angeli hanno sì intelletto e volontà, ma non hanno bisogno di memoria, perché essi vedono tutto e continuamente in Dio. Cosicché nelle scuole, sulla Terra, i maestri spesso insegnano cose non vere, dormendo ad occhi aperti, *"non dormendo si sogna"*; alcuni di essi lo fanno credendo sinceramente di dire la verità; altri, ed è la cosa peggiore, lo fanno sapendo bene di non dire la verità".

Beatrice continua lamentando gli errori dei filosofi, che si lasciano guidare solo dal desiderio di apparire dotti, e deplora il fatto che si trascuri e si alteri la Sacra Scrittura, senza pensare a quanto sangue sia costato il diffonderla nel mondo, e quanto sia caro a Dio chi con umiltà di spirito si pone accanto ad essa, seguendola.

Passando, poi, a parlare dei predicatori, inveisce contro coloro che raccontano favole e dicono il falso trattando della luna e dell'eclisse, senza fare alcun riferimento al Vangelo; sicché il gregge dei fedeli, che è ignaro, torna dalla predica pieno di chiacchiere vane, *"sì che le pecorelle, che non sanno / tornar dal pasco pasciute di vento"*; e l'ignoranza non costituisce per i fedeli una sufficiente scusa.

"Infatti – continua Beatrice nel suo discorso – Gesù Cristo non disse ai suoi Apostoli *"andate e predicate ciance; / ma diede lor verace fondamento"*. E quell'insegnamento vero tanto risuonò attraverso le parole che uscirono dalla bocca degli

Apostoli, che essi fecero delle verità del Vangelo armi idonee per accendere negli animi la fede. Ora, invece, si predica con arguzia e buffoneria, pur di far ridere e si pensa solo al turpe guadagno. Ma se il popolo guardasse nel cappuccio del frate, si accorgerebbe di quale genere è il perdono che il frate impartisce con la sua assoluzione e in cui il popolo ha fiducia. E per il desiderio del perdono è aumentata la stoltezza degli uomini al punto tale che di fronte ad ogni promessa di perdono si farebbe folla, pur senza alcuna testimonianza sulla legittimità del perdono. Di questo desiderio sconsiderato di perdono si *"ingrassa il porco di S. Antonio"*, cioè il demonio, ed ingrassano anche altri, più porci del demonio, cioè i religiosi che fanno mercato dei perdoni pagando con monete senza valore".

Il numero degli Angeli. La grandezza di Dio nelle creature angeliche (vv. 127-145)

Riprendendo il discorso sulle creature angeliche, Beatrice continua dicendo che il numero degli Angeli aumenta di gradino in gradino così tanto che nessuna parola o concetto umano mai è riuscito a concepire un simile numero. Questo è rivelato da S. Daniele nel Vecchio Testamento; infatti quando egli parla delle migliaia di Angeli non allude mai ad un numero determinato.

Poi Beatrice aggiunge: "La luce divina che irradia tutti gli Angeli viene da essi ricevuta in tanti modi diversi, quanti sono gli splendori celesti a cui essa si unisce. Per cui, essendo l'amore proporzionato alla visione di Dio, esso è in ciascun Angelo più o meno ardente. Considera, perciò, il carattere eccelso di Dio, che ha fatto per se stesso tanti specchi quanti sono gli Angeli, in cui si rifrange dividendosi e rimanendo assolutamente Uno come prima, *"poscia che tanti / speculi fatti s'ha in che si spezza, / uno manendo in sé come davanti"*.

Questioni e temi

Il canto, sviluppando la lezione sugli Angeli iniziata già nel XVIII, si apre con il breve ma profondo silenzio di Beatrice, che sta a significare che la donna vede in Dio la grande e potente azione della sua Grazia, che dà luogo all'unità dell'universo, visione di cui Dante non può ancora direttamente godere.

L'unità molteplice dell'universo parte direttamente da Dio e si propaga fino alla materia. Dio è fondamento di tutto, non è contenuto né nello spazio né nel tempo, ma anzi li contiene e li causa, come dice il poeta al v. 12: *"là 've s'appunta ogni ubi e ogni quando"*.

Poi Beatrice precisa quando, dove e come furono creati gli Angeli, ponendo grossi problemi teologici al poeta, problemi che, a quel tempo, appassionavano studiosi e filosofi. Prendendo spunto dalla questione sulla presunta memoria degli Angeli, Beatrice porta avanti la polemica contro le diverse scuole teologiche e contro i falsi predicatori, che con le loro affermazioni non portano che ad odi e rancori fra i cristiani. L'accanimento non è sentimento di amore, ma solo superbia. Alle inutili *"ciance"* si oppone la semplice verità della *Bibbia*.

Nella trattazione del tema degli Angeli ribelli e di quelli fedeli, è da notare l'importanza del pensiero religioso di Dante sulla Grazia: essa è dono divino, ma è anche un proprio merito, *"è meritorio"*, che si ottiene solo grazie all'intensità del desiderio di riceverla, *"secondo che l'affetto l'è aperto"*.

CANTO XXX

Empireo

Visione dei beati
Un fiume di luce dal quale escono faville. La luce del fiume. La candida rosa.

Scomparsa dei nove cori angelici. Ascesa all'Empireo (vv. 1-45)

Come, con il sopraggiungere dell'amore, spariscono una dopo l'altra le stelle fino alla più lucente, così vien meno a poco a poco allo sguardo di Dante il coro trionfale dei nove cerchi angelici. Essi continuano a far festa intorno al punto luminosissimo, che aveva vinto la facoltà visiva del poeta; per cui egli, non vedendo più nulla, spinto ancora una volta dall'amore di Beatrice, rivolge gli occhi a lei. La bellezza che il poeta vede nella sua donna, non solo va al di là delle possibilità umane, ma è tale che solo Dio la può comprendere. Poiché il ricordo del suo *"dolce riso"* gli toglie parte della mente perché abbagliata, egli non si sente più capace di tener dietro, poetando, alla crescente bellezza di lei, proprio come l'artista, che deve desistere dal proseguire dopo aver raggiunto il punto più alto nella sua arte, vale a dire quando ha compiuto il suo capolavoro. Risplendente di così sovrannaturale bellezza, quale Dante la descrive, Beatrice, con l'atteggiamento e col tono della guida che ormai ha portato a termine il suo compito, annuncia a Dante che ormai sono fuori dal cielo Cristallino, o Primo Mobile, e sono giunti nell'Empireo, il cielo che è solo luce e che non ha nulla di corporale, *"luce intellettual, piena d'amore; / amore di vero ben, pien di letizia; / letizia che trascende ogni dolzore"*. In questo cielo egli vedrà gli Angeli e i beati, che sono le due milizie del Paradiso; e i beati li vedrà nelle sembianze che avranno nel giorno del giudizio universale, quando avranno preso corpo e figura umana.

Il fiume di luce (vv. 46-81)

Come un lampo improvviso, che toglie le facoltà visive in modo da privare l'occhio della possibilità di vedere oggetti luminosi, così una luce viva risplende tutt'intorno al poeta e lo cinge di uno spessissimo velo luminoso, in modo che egli non riesce a vedere più nulla, ma ode queste parole: "Sempre l'amore divino, che rende immobile questo cielo, accoglie dentro di sé l'anima che qui giunga con questo saluto di luce abbagliante per renderla atta alla sua visione". Dante fa appena a tempo a percepire queste parole, che si accorge che la sua facoltà visiva ha acquistato una maggiore forza, e si illumina tanto che nessuna luce è tanto splendente da non poter essere sopportata dai suoi occhi. Dante vede una luce che ha forma di fiume fulgido di splendore in mezzo a due sponde ricoperte meravigliosamente di fiori. Da questo fiume escono faville splendenti che entrano nei calici dei fiori, come rubini incastonati in oro, e dai fiori tornano ad immergersi nel fiume. Ora Beatrice, luce degli occhi di Dante, lo esorta a contemplare intensamente lo splendore per rafforzare ancora di più la vista, e gli aggiunge che tutto ciò che ora vede, il fiume, le faville, sono l'anticipazione delle verità che vedrà più avanti.

La rosa celeste e il seggio di Arrigo VII (vv. 82-148)

Come un bambino che precipitosamente si volge verso la madre per prendere il latte, se si sveglia più tardi del solito e ha fame *"molto tardato de l'usanza sua"*, così Dante si volge immediatamente al fiume di luce, perché gli occhi diventino migliori specchi, cioè perché possa vedere meglio nell'acqua, nella quale, specchiandosi, si diventa migliori. Ad un tratto quell'acqua dalla forma allungata diventa tonda; poi, come chi si è celato sotto una maschera, nel momento in cui se la toglie assume un aspetto diverso, così agli occhi di Dante le faville e i fiori si tramutano in uno spettacolo di maggiore festa, assumendo l'aspetto di beati e di Angeli. A questo punto il poeta invoca la grazia illuminante di Dio, perché gli conceda la capacità di descrivere l'altissima visione. Ha inizio la descrizione.

Lassù, nell'Empireo, vi è una luce che rende visibile Dio alle creature che trovano pace solo nella visione di Dio; questa luce si allarga in forma di cerchio, la cui circonferenza abbraccerebbe il sole, e avanzerebbe ancora. La sua figura nasce da un raggio della luce divina, che si riflette nel Primo Mobile, comunicandogli il moto e la virtù. In questa luce si specchiano le anime dei beati, disposte in più di mille gradini circolari, sovrastanti la luce divina, in forma di rosa, che si allarga sempre più fino alle ultime foglie. E se il più basso di questi gradini che si allargano in cerchio a formare un anfiteatro, comprende in sé una sì gran luce, si pensi a quanto è grande la larghezza di questo anfiteatro nei suoi gradini più alti! La vista di Dante non si smarrisce nell'ampiezza ed altezza infinite della rosa, ma coglie la quantità e la qualità di quei beati che la formano, cioè il loro grado di beatitudine, in quel luogo dove le leggi della natura non hanno alcun valore.

Nel lume che è al centro dell'Empireo, come il giallo è al centro della rosa, la quale è eterna e si stende per gradini successivi e manda odor di lode verso Dio, Beatrice conduce Dante e gli dice: "Mira quanto è grande il consenso dei beati vestiti di bianco; guarda quanto si estende la nostra città, cioè l'Empireo, e come i seggi dei beati, disposti lungo i gradini, sono tutti occupati sì che ormai solo pochi altri ce ne potranno entrare! E su quel cielo, al quale tu tieni fissi gli occhi a causa di quella corona imperiale che vi è posta sopra sin da ora, verrà a sedersi, prima che tu venga definitivamente a questa beatitudine, l'anima che in Terra sarà augusta, *"agosta"*, del grande imperatore Arrigo VII, che scenderà a raddrizzare l'Italia, prima che essa sia preparata a ciò. Sarà allora a capo del potere spirituale un pontefice, Clemente V, il Guasco, la cui azione manifesta e quella nascosta non seguiranno un'unica via. Cioè si opporrà ai buoni intendimenti dell'imperatore. Ma dopo la morte di Arrigo VII, egli sarà tollerato da Dio per poco tempo nel suo ufficio di papa. Egli sarà precipitato in quella bolgia dell'ottavo cerchio dell'Inferno, nella bolgia dei simoniaci, e col suo peso farà sprofondare ancora di più Bonifacio VIII, quello dello schiaffo di Anagni, *"quel d'Anagna"*.

Questioni e temi

Il canto XXX introduce l'ultima zona del Paradiso e ci presenta la città di Dio in forme simbolico-visive (fiume di luce, candida rosa) e mette in risalto anche l'esperienza psicologica dell'uomo di fronte al divino. Lo spegnersi di tutte le luci ad una ad una conclude lo spettacolo dei cori angelici del canto precedente. Ora tutto è basato sulla luce e sulla diretta visione. Tutto è luce nell'Empireo, una luce così intensa che abbaglia; e la luce si estende tutto intorno a Dante nello spazio, prendendo aspetto di fiume delimitato dalla luce divina. I valori visivi qui diventano strumenti della rappresentazione di una realtà divina. La stessa Beatrice non è più solo una donna, ma è un essere al di sopra dell'umano, una bellezza luminosa tale da superare le capacità espressive e descrittive di chiunque. Ora, però, Dante, per grazia di Dio, può vedere e potrà vedere anche i beati nella loro vera forma, nel loro aspetto umano, senza attendere il giudizio finale. Del resto il Paradiso non sarebbe tale se fosse abitato solo da luci; è Paradiso perché in esso ci sono gli uomini la cui vera realtà, che ora si manifesta, è una scintilla di divino.

Nella verità rivelata dell'Empireo si mostra anche la verità dei comportamenti umani, come nel caso di Arrigo VII e Clemente V. Quella corona imperiale posta su uno scanno del Paradiso sta a provare il valore religioso dell'Impero, che è un elemento indispensabile nel piano provvidenziale di Dio, e mostra il giudizio divino nei confronti dei papi che si oppongono ad esso.

PERSONAGGI

Arrigo VII: di Lussemburgo, disceso in Italia nel 1310. Morì nel 1313, senza aver potuto portare a termine il suo programma politico. Dante lo ha visto come restauratore della dignità imperiale d'Italia.

Clemente V: papa. Morì nell'aprile del 1314, otto mesi dopo la morte di Arrigo VII.

Canto XXXI

Empireo

Categoria dei beati	Visione dei beati	Anime
Dio, Angeli e beati	Cfr. Canto XXX	S. Bernardo

Il tripudio degli Angeli nella rosa celeste (vv. 1-27)

I beati, che formavano con gli Angeli le due milizie della corte del cielo che Cristo con la sua passione congiunse a sé, si presentano al poeta in forma di candida rosa. L'altra schiera, quella degli Angeli, che la Gloria di Dio fece così grande, è simile ad uno sciame di api, che ora entrano nei fiori, ora ritornano all'alveare, dove il succo raccolto acquista sapore, diventando miele; così gli Angeli scendono nella rosa mistica che è fatta di tante foglie, e risalgono a Dio cantando *"la Gloria di Colui che li innamora"*. Essi hanno il volto di fiamma splendente e le ali d'oro ed il resto, cioè la veste, candido più della neve. Quando gli Angeli scendono nella rosa comunicano ai beati quella pace e quell'ardore che essi hanno acquistato volando a Dio. Né il frapporsi di tanta moltitudine di angeli volanti tra Dio e la rosa impedisce agli occhi di vedere e allo splendore di rilucere ovunque, perché la luce divina penetra nelle varie parti dell'universo a seconda che esse siano degne di riceverla, in modo tale che nulla le possa essere d'ostacolo. Questo beato regno, popolato di santi dell'Antico e Nuovo Testamento, tiene rivolto a Dio, come unico fine, lo sguardo e l'amore.

Stupore di Dante nel vedere la Gloria celeste (vv. 28-62)

A questo punto Dante invoca la SS. Trinità, che fiammeggia in un'unica luce, per l'unità dell'essenza, perché si rivolga alla Terra, dove c'è la tempesta delle passioni umane. E pensa di quale stupore debba essere pieno lui, se i barbari del Settentrione rimanevano stupiti alla vista dei grandiosi monumenti di Roma, lui che dal vivere umano è passato al vivere divino, dal tempo all'eternità, da Firenze corrotta alla città giusta e pura dei beati!

Certo tra lo stupore e la gioia dello spettacolo, a lui fa piacere starsene muto e senza ascoltare nulla. E come un pellegrino prova piacere a riguardare il tempio visitato per voto, e spera di riferire al suo ritorno minuziosamente, così Dante guarda su per i diversi gradi dei beati con i visi che persuadono alla carità, ornati dalla luce di Dio e dalla luce del proprio sorriso, e i loro atteggiamenti che esprimono onore e dignità.

Lo sguardo di Dante ha abbracciato tutto l'aspetto del Paradiso, senza però fermarsi in alcun punto in particolare, ed ora volge lo sguardo verso Beatrice per rivolgerle alcune domande. Crede di vedere Beatrice e invece, al suo posto, vede un vecchio vestito di bianco con gli occhi e le gote cosparse di una gioia dalla quale traspare la bontà, ed è in atteggiamento pio, simile a quello di un padre che si volge con tenero affetto verso il figlio. È S. Bernardo. "Dov'è Beatrice?", chiede Dante.

S. Bernardo guida il poeta.
Dante prega Beatrice (vv. 63-93)

Il vecchio risponde a Dante: "Beatrice mi ha mosso dal mio scanno perché io ti guidi nella fine del tuo viaggio; e se guardi attentamente nel terzo ordine di scanni, a partire dall'ordine più alto di tutti, tu la vedrai nel terzo seggio che i suoi meriti le hanno assegnato". Nel primo ordine c'è Maria, nel secondo Eva, nel terzo Beatrice.

Dante alza lo sguardo e vede Beatrice circondata da una corona di luce che riflette raggi intorno alla sua figura. Nonostante la donna sia tanto distante dal poeta, tuttavia l'immagine di lei, poiché non c'è alcun impedimento da superare, giunge nitida agli occhi di Dante, il quale le rivolge una preghiera di gratitudine: "O donna, in cui prende vigore la speranza della mia salvezza eterna e che sopportasti di lasciare le tue orme nell'Inferno per salvarmi, di tutte quelle cose che io ho visto nel mio viaggio, riconosco di averle potute vedere solo grazie a te. Tu mi hai portato alla liberazione dal peccato, da schiavo qual ero; custodisci ora in me la tua opera magnifica, per cui hai compiuto la mia salvezza, sì che l'anima che tu hai sanata si sciolga dal corpo così come ti piace che sia".

Beatrice a queste parole sorride e riguarda il poeta; poi si volge verso Dio, sorgente eterna di ogni bene.

S. Bernardo conforta Dante e gli rivela il proprio nome (vv. 94-117)

Il santo vecchio con dolcezza invita Dante a percorrere con lo sguardo tutto il Paradiso, affinché possa compiere perfettamente il viaggio e perché sia in grado di salire maggiormente attraverso la luce di Dio. Beatrice aveva perciò invitato S. Bernardo.

Il vecchio continua il discorso assicurando Dante che la Regina del cielo, la Vergine Maria, per la quale egli arde d'amore, sicuramente concederà la Grazia, perché egli è il suo fedele servo, *"però ch'i sono il suo fedel Bernardo"*. E come un pellegrino, che viene a Roma per vedere l'immagine di Cristo, *"la Veronica"*, non si sazia di guardarla, così Dante non si sazia di fissare il vecchio santo, che in Terra con la sua attività contemplativa ha pregustato la pace di cui ora gode. S. Bernardo invita il poeta a sollevare lo sguardo dai giri inferiori della rosa celeste fino al giro più alto, sino al punto in cui passa lo scanno su cui siede la Regina del cielo, cioè il trono di Maria.

Il poeta alza gli occhi e quasi come se levasse lo sguardo dal profondo di una valle per guardare verso il monte, vede nell'ultimo gradino del giro, in una luce più viva e in mezzo a migliaia di Angeli festanti, splendere una *"bellezza"* che si riflette in forma di beatitudine negli occhi di tutti gli altri beati. Dante non ha la capacità di descrivere neppure la minima parte della bellezza con cui Maria delizia gli Angeli. S. Bernardo, vedendo gli occhi di Dante fissi in Maria, volge a lei anche il suo sguardo *"con tanto affetto"* che accresce nel poeta il desiderio di contemplare la Vergine Maria.

Questioni e temi

Tema principale di questo canto, come di tutti i canti finali, è la descrizione del Paradiso, della rosa dei beati, degli Angeli, dei miracoli di luce. Accanto ai beati della candida rosa, pacati e sereni nella loro eterna beatitudine, si muove l'immensa schiera degli Angeli che, come api affaccendate, recano da Dio ai beati il miele della gioia eterna. Dante è stupito davanti a simili visioni.

Secondo tema importante è la sparizione di Beatrice e la preghiera del poeta alla donna. Beatrice scompare improvvisamente, così come era sparito Virgilio; Dante non spiega come ciò sia avvenuto e pur non potendo parlare di miracolo, perché siamo in Paradiso, il fatto desta in lui tutto lo stupore del miracolo. Beatrice è tornata al suo seggio nel terzo ordine di gradini; ha perduto la figura di guida per assumere quella di una santa. Dante ha innalzato la sua donna di cielo in cielo in uno splendore crescente, fino a portarla nel punto in cui ella è circondata dai raggi di Dio: *"e vidi lei che si facea corona, / reflettendo da sé li eterni rai"*. Beatrice con il suo amore e la sua grazia ha permesso al poeta di passare dal peccato alla vita, dalla schiavitù alla libertà, da Firenze al Paradiso.

Sparita Beatrice, appare S. Bernardo. Il santo è l'ultima guida ed è colui che ha il compito di portare Dante alla visione di Dio, grazie all'intervento della Vergine Maria. Perché proprio S. Bernardo? Forse perché è il santo contemplativo che il poeta sente più simile a sé. S. Bernardo esorta Dante a *"mirare"* il giardino della candida rosa, lo spinge sulla via della massima visione e attraverso Maria, agli ultimi gradi della contemplazione.

PERSONAGGI

S. Bernardo: da Chiaravalle; nato nel 1091, morto nel 1153; grande mistico e spirito contemplatore. Fu autore di molte opere, sermoni, trattati ascetici, e si dedicò particolarmente al culto di Maria. Fu consigliere di papi e di potenti uomini politici e promotore della seconda crociata. Dante studiò a fondo le sue opere e ne divenne attivo discepolo nell'ultima parte della sua vita; sicuramente a ciò è dovuta la scelta, da parte del poeta, di questo santo come guida per l'ultima, più ardua, tappa del suo cammino verso Dio.

Canto XXXII

Empireo

Visione dei beati	Anime
La candida rosa. La Vergine Maria e l'Arcangelo Gabriele	Maria. Eva. Rachele. Sara. Rebecca. Giuditta. Ruth. Adamo. S. Pietro. Giovanni Battista. Mosè. Anna. Lucia

I Santi dei due testamenti nella rosa celeste (vv. 1-37)

Tutto intento con lo sguardo a Maria, oggetto del suo amore, quello spirito contemplante, S. Bernardo, si assume spontaneamente il compito di maestro e così comincia: "Colei che aprì ed inasprì, *"colei che l'aperse e che la punse"*, la piaga del peccato originale, che Maria chiuse e medicò, è Eva, che sta subito sotto Maria, nel secondo giro. Nel giro formato dai seggi che stanno al terzo posto si trovano Rachele e Beatrice. Poi, in ordine decrescente, l'una sotto l'altra, si trovano: Sara, Rebecca, Giuditta e Ruth, che fu bisavola di David, il quale, per il dolore del peccato commesso, cantò il salmo che inizia con *"Miserere mei"*. E dal settimo giro in giù, come dal primo al settimo sono disposte donne ebree, l'una dopo l'altra, formando una linea trasversale che divide per metà la corolla della rosa, perché sono come confine tra il Vecchio e il Nuovo Testamento. A sinistra delle Ebree, dalla quale parte è matura la rosa in tutte le sue foglie (cioè dove i seggi sono tutti occupati), sono seduti i beati che credettero in Cristo venturo; a destra, dove ci sono i seggi vuoti, siedono i beati che credettero in Cristo venuto. E, come da questa parte il seggio di Maria e quelli delle donne ebree formano la linea di divisione, così di fronte, disposti l'uno sotto l'altro, la formano i seggi di S. Giovanni Battista, di S. Francesco, di S. Agostino e di altri santi".

I bambini morti in grazia di Dio e la differenza dei loro seggi (vv. 38-84)

"Ora osserva – continua S. Bernardo – con quanta sapienza si manifesta la Provvidenza di Dio, perché sia i credenti in Cristo venturo che quelli in Cristo venuto, avranno la possibilità, in ugual misura, di occupare questo Paradiso. E sappi che dalla metà in giù della rosa stanno le anime dei bambini, salvate senza alcun merito proprio, perché furono sciolti dal corpo (cioè morirono) prima dell'uso della ragione, e quindi prima che potessero scegliere tra il bene e il male. Ti viene un dubbio, però te ne rimani in silenzio; ma io te lo scioglierò". Dante pensa: se i bambini non ebbero merito nella propria salvezza, perché sono disposti in scalini?

"In questo posto – prosegue S. Bernardo – non può aver luogo il caso, né la tristezza o la sete o la fame, poiché tutto è prestabilito per legge eterna; perciò questi beati che si sono affrettati a venire in cielo (cioè sono morti bambini), non senza ragione hanno diversi gradi di beatitudine tra loro. Dio, creando le anime, le fornisce diversamente di grazia, a suo piacimento; e di fronte all'opera divina a noi basti quel che vediamo di fatto, non vogliamo indagare oltre. E questa diversa ripartizione della grazia divina si rivela chiaramente nel fatto biblico dei due gemelli Esaù e Giacobbe, che già nel ventre della madre contrastarono tra loro. Perciò secondo la diversa misura della grazia divina, bisogna che l'altissima luce della grazia opportunamente coroni le anime, *"degnamente conven che s'incappelli"*. Sono dunque questi bambini in diversi gradi di beatitudine solo perché diverso fu in loro il dono della grazia. Nella prima età del mondo, a salvare i bambini bastava, con la loro innocenza, la fede dei loro parenti nel Redentore; nel tempo successivo, ai maschi, oltre l'innocenza, fu necessaria anche la circoncisione. Ma, venuta la Redenzione, i bambini morti *"senza battesimo perfetto di Cristo"*, furono trattenuti nel Limbo".

La Vergine Maria e l'Arcangelo Gabriele (vv. 85-117)

S. Bernardo, continuando a parlare, invita Dante a guardare nel volto di Maria, che maggiormente somiglia a quello di Gesù Cristo, perché possa esser pronto a sostenere la vista del Redentore. Dante vede scendere su di lei tanta letizia e tanta luce diffusa dagli Angeli che volano da una parte all'altra, e rimane stupito ancora una volta perché non aveva mai visto prima uno spettacolo tanto meraviglioso.

Il primo Angelo che si ferma sopra di lei, con le ali aperte, cantando *"Ave, Maria, gratia plena"* è l'Arcangelo Gabriele; al canto dell'Ave Maria si unisce quello di tutti i beati, i quali si illuminano ancora di più. Dante si rivolge a S. Bernardo per chiedere chi sia quell'angelo che guarda la vergine, splendendo di tanto amore da apparire come se fosse fuoco. E S. Bernardo: "Tutta la sicurezza degli atti, la grazia e la bellezza che possono essere in un'anima umana, tutte si trovano compiute in lui, e così noi beati vogliamo che sia, e il nostro volere non è che il volere di Dio; perché egli è l'angelo che portò con l'annunciazione la palma in terra a Maria, cioè l'Arcangelo Gabriele". Ora S. Bernardo invita Dante a seguire con lo sguardo quello che dirà a parole, e gli fa notare i principali Santi.

Altri Santi illustri.
Preparazione alla preghiera (vv. 118-151)

"Quei due che siedono lassù, più lieti degli altri perché sono più vicini a Maria – continua il santo – sono quasi due principi di questa rosa, perché di lì discendono tutti i beati. Quello che vedi alla sinistra della Vergine è Adamo, colui per il quale tutta l'umanità prova la grande amarezza del peccato. Alla destra, vedi quell'antico padre della Chiesa, S. Pietro, al quale Cristo affidò ambo le chiavi del regno dei cieli. A fianco di S. Pietro siede Giovanni Evangelista che, prima di morire, preannunciò i tempi duri della Chiesa. Quello, invece, al fianco di Adamo è Mosè, quel condottiero sotto il quale gli Ebrei vissero per molti anni nel deserto, cibandosi di manna. Di fronte a S. Pietro vedi sedere S. Anna, madre di Maria, tanto paga nel contemplare la figlia che, nonostante canti *Osanna* a Dio, non distoglie mai gli occhi da lei. Di fronte ad Adamo siede Lucia, che fece muovere Beatrice a soccorrerti nella selva oscura. Ma, poiché il tempo che ti è stato assegnato fugge, "*qui farem punto*" come un bravo sarto fa con la stoffa che ha a disposizione, e drizzeremo lo sguardo a Dio. E affinché tu, procedendo con le tue sole forze non arretri mentre credi di andare avanti, bisogna che tu ottenga la grazia con una preghiera a Maria. Tu seguirai la mia preghiera con devoto affetto, in modo da non allontanare il cuore dalle mie parole". Dante prega con S. Bernardo.

Questioni e temi

In questo canto, due sono i punti su cui fermiamo la nostra attenzione: il problema della gerarchia fra le anime dei bambini e il trionfo di Maria. Il problema dei bambini battezzati, ci riporta ai dubbi di Dante sulla "giustizia divina". Si è già parlato di giustizia quando si è discusso del problema del voto e del premio per le persone che vennero meno ad esso contro la loro volontà (cfr. Paradiso, canto V), e del problema relativo a chi, senza colpa, non ha mai conosciuto Cristo (cfr. Paradiso, canto XIX). Qui il problema viene risolto da S. Bernardo, e il dubbio non viene sciolto a livello razionale-teologico, ma con la piena fiducia nella Sacra Scrittura. Possiamo ritenere che nella risposta del Santo ci sia anche l'aspetto razionale. I bambini occupano la parte inferiore della rosa perché non hanno potuto esercitare il libero arbitrio, cioè quella libertà della ragione umana che rende l'uomo degno del regno dei cieli.

L'immagine di Maria circondata dagli angeli è quella che si avvicina di più alla figura ed alla intensità di Dio. Ritorna qui la raffigurazione dell'Annunciazione con la Vergine sul trono, non descrivibile per la sua luce e la sua bellezza, oggetto di venerazione di un angelo cavaliere della corte celeste, che davanti a lei, con le ali aperte, intona l'*Ave Maria*.

PERSONAGGI

Maria: cfr. canto XXIII.

Eva: progenitrice del genere umano, che con Adamo procurò la dannazione del genere umano, commettendo il peccato originale.

Rachele: personaggio biblico, seconda moglie di Giacobbe.

Sara: personaggio biblico, moglie di Abramo e madre di Isacco.

Rebecca: personaggio biblico, moglie di Isacco e madre di Giacobbe ed Esaù.

Giuditta: eroina biblica che liberò i Giudei, cinti d'assedio in Betulia, andando al campo nemico ed uccidendo Oloferne, il generale assiro.

Ruth: personaggio biblico, bisnonna del re di Israele, Davide.

Adamo: cfr. canto XXVI.

S. Pietro: cfr. canto XXIII.

Giovanni Battista: precursore della venuta di Cristo; battezzò Gesù nelle acque del Giordano.

Mosè: personaggio biblico, patriarca degli Ebrei, che li liberò dalla schiavitù egiziana e li condusse attraverso il deserto alla Terra Promessa..

Anna: madre della Madonna.

Lucia: santa martire siracusana, protettrice degli occhi. È colei che intervenne per salvare Dante nella selva del peccato.

Canto XXXIII

Empireo

Sede dei beati	Preghiera di S. Bernardo a Maria Vergine. Visione della Divinità. Il mistero dell'Unità e Trinità di Dio. Il mistero dell'Incarnazione.
La candida rosa	

Preghiera di S. Bernardo alla Vergine. Intercessione di Maria (vv. 1-45)

Con uno slancio di vivissimo affetto, S. Bernardo rivolge alla Vergine una preghiera, che si può dividere in due parti: la lode a Maria e la preghiera per Dante. "Vergine Maria – inizia S. Bernardo – figlia del tuo Figlio, umile e alta più di ogni altra creatura, oggetto predestinato dell'alta volontà di Dio, per la sua incarnazione e la redenzione degli uomini, sì che Dio, creatore dell'umana natura, non disdegnò di divenire uomo con l'incarnazione. Per il tuo divino concepimento si riaccese l'amore di Dio per gli uomini, per il calore dal quale è germogliata nella pace eterna la mistica rosa dei beati. Qui, nei cieli, tu sei per noi beati luce d'amore, che splende come splende sul mezzodì il sole, e sulla terra sei sorgente viva di speranza. Tu, o Signora, sei tanto grande e potente, che chi vuole ottenere grazia e non ricorre a te, non vedrà appagato il suo desiderio come colui che vuole volare senza le ali. La tua bontà è tale che non solo tu vieni in aiuto a chi te lo chiede, ma molte volte previeni la preghiera. In te si raccoglie misericordia, potenza d'operare grandi cose e tutta la bontà che può essere in una creatura di Dio: "*La tua benignità non pur soccorre / a chi do-*

manda, ma molto fiate / liberamente al dimandar precorre. / In te misericordia, in te pietate / in te magnificenza, in te s'aduna / quantunque in creature è di bontade". Ora questo pellegrino ti supplica di ottenere da te tanta potenza divina da poter innalzare il suo sguardo verso il termine supremo della nostra salvezza: Dio. Ed io, che non arsi di così fervido desiderio di vedere Dio come ardo del desiderio che Dante veda Dio, ti prego ardentemente affinché tu lo liberi dagli ostacoli della sua condizione mortale, sì che la vista di Dio si spieghi innanzi a lui. Ti prego ancora, o Regina, che, dopo che egli ha goduto dell'altissima visione di Dio, conservi puri e lontani dal peccato i suoi sentimenti; la tua sorveglianza riesca a vincere le sue umane passioni, *"i movimenti umani"*. Vedi come Beatrice, e insieme con lei quanti beati, perché le mie preghiere siano accolte da te, *"ti chiudon le mani"*, tendono a te le mani giunte".

Gli occhi di Maria si fissano in S. Bernardo a significare quanto gradita sia stata la preghiera; poi si drizzano in Dio, verso la cui luce non si creda che si possa rivolgere, da parte di una creatura, *"per creatura"*, uno sguardo così limpido come quello di Maria.

Dante fissa gli occhi di Dio. Visione della Divinità (vv. 46-105)

Dante, avvicinandosi al fine ultimo dei suoi desideri, sente giungere al culmine l'ardore e, senza attendere il cenno di S. Bernardo, ha già rivolto lo sguardo a Dio, penetrando la divina luce. D'ora in poi quello che Dante vede è superiore ad ogni parlare degli uomini e superiore a quello che la memoria può ritenere. Cessata la visione, il poeta se ne sente ancora in cuore la dolcezza, ma non può ricordare ciò che ha visto; e invoca da Dio un raggio della sua luce e tanta virtù che possa lasciare ai posteri solo un piccolissimo splendore della sua luce gloriosa; così gli uomini si faranno un più chiaro concetto della divina eccellenza. Dante crede che, se avesse staccato gli occhi dalla divina luce per volgerli altrove, si sarebbe smarrito, perciò si fa più ardito a fissarla, al punto da congiungere la sua vista con Dio. Poi loda la larga grazia di Dio, magnificandola: in virtù di essa ha osato far penetrare il suo sguardo nella luce divina, tanto da consumare, nel fissarla, tutta la sua capacità visiva: *"Oh abbondante grazia ond'io presunsi / ficcar lo viso per la luce eterna / tanto che la veduta vi consunsi!"*.

Nella profonda luce, nella parte più interna di essa, il poeta afferma di aver visto, unito dall'amore divino in unità assoluta, *"in un volume"*, ciò che nell'universo appare dispiegato come nei fogli di quaderno, *"si squaderna"*. Le sostanze e le forme variabili delle stesse sostanze e il loro modo di operare, quasi congiunti insieme, in maniera tale che ciò che egli riesce a dire è appena una vaga idea di quello che ha visto. E crede di aver visto l'essenza universale di questa mirabile fusione. Continua Dante a dire che un momento solo di quella visione ha causato alla sua memoria una dimenticanza maggiore di quella che, dopo venticinque secoli, avvolge ormai l'impresa degli Argonauti. Così la mente del poeta, fusa da stupore, rimane fissa in quel punto, tutta concentrata in quello, e arde sempre di più dal desiderio di guardare nella luce divina, dinanzi alla quale è impossibile staccare lo sguardo per rivolgerlo ad altro, perché in quella luce si raccoglie tutto il bene in modo perfetto.

Il mistero della Trinità. Il mistero dell'Incoronazione (vv. 106-145)

Il poeta, a questo punto, avverte che ciò che dirà d'ora in poi, nel riferire solo quello che ricorda, lo dirà con la parola imperfetta di un bambino lattante, *"che bagni ancora la lingua a la mammella"*.

Un nuovo spettacolo soprannaturale si presenta agli occhi di Dante: un mutare, alla sua vista, della luce divina. Nella profonda e chiara essenza divina sono apparsi al poeta tre cerchi di colori diversi e della stessa ampiezza. Sono le tre

Persone divine, distinte, ma uguali. E dei due primi cerchi l'uno appare come riflesso dall'altro, come succede a due arcobaleni che si sovrappongono. Sono il Padre e il Figlio; il terzo, lo Spirito Santo, appare come un fuoco che in modo uguale derivi dall'uno e dall'altro dei due primi giri. Qui il poeta ribadisce l'inadeguatezza della sua lingua ad esprimere il concetto, così come il concetto è inadeguato alla visione, ed il fatto che solo Dio è capace di intendere pienamente se stesso. E ancora ricorda che il secondo cerchio, che appare generato nella divina Trinità, sembra conformato in luce riflessa e nel suo interno appare dipinta la figura umana. Per la qual cosa Dante concentra il suo sguardo in essa, per rendersi conto del modo in cui la figura umana sia unita al cerchio e come in quello trovasse il proprio luogo, *"veder valea come si convenne / l'imago al cerchio e come vi s'indova"*; ma le possibilità umane non sono da tanto, per cui il poeta non può volare tanto in alto. Un lampo luminosissimo della divina grazia colpisce la mente di Dante, e nel lampo compare quello che lui vuole vedere.

A questo punto cessa la visione; la volontà fa tutt'uno con Dio, e in questo termine ultimo è l'inizio di una nuova vita; in quest'atto mistico l'anima si riempie del senso del divino.

Questioni e temi

La prima parte del canto è dedicata alla preghiera alla Vergine Maria. La preghiera si divide in due parti: la lode a Maria e la richiesta di intercessione affinché a Dante sia concessa la grazia straordinaria di poter vedere Dio con occhi mortali, e di poter conservare sano lo spirito una volta tornato sulla Terra. Dante mirava a Dio fin da quando Virgilio fu inviato in suo soccorso dalle tre donne benedette. Ora che è giunto a lui, il poeta torna ad invocare la più alta delle tre donne: Maria, mediatrice d'amore e di grazia, che è madre degli uomini e li difende presso Dio. A Dio si giunge solo tramite l'amore e la grazia, perciò in questo canto non ci sono più problemi teologici, come nei canti precedenti, ma solo la preghiera di Dante, che è quella di tutta l'umanità, espressa attraverso S. Bernardo.

Nella seconda parte del canto sono descritte le tappe della suprema visione. Seguendo gli occhi della Vergine e il sorridente incitamento di S. Bernardo, che con un cenno si congeda, Dante rivolge il suo sguardo alla luce divina. Ora il poeta, dichiarando più volte la sua impotenza a descrivere quello che vede, ci presenta prima la visione dell'unità del cosmo nella luce di Dio, poi il mistero della Trinità e infine quello dell'Incarnazione.

Notevole è l'immagine finale della folgorazione attraverso cui la mente di Dante vede ciò che voleva vedere e l'anima si riempie del senso divino.

La cantica, che ha avuto inizio con la *"gloria di Colui che tutto move"*, termina con *"Amor che move il sole e l'altre stelle"*; e "stelle" è la parola che chiude tutte e tre le cantiche.

ELENCO PERSONAGGI

Acone VII: Canto XIX

Adamo: Canti XXVI, XXXII

Agamennone: Canto V

Agapito I: Canto VI

Alberto I: Canto XIX

Alberto Magno: Canto X

Andrea III: Canto XIX

Anna: Canto XXXII

Anselmo d'Aosta: Canto XII

Apollo: Canto I

Arcangelo Gabriele: Canto XXIII

Arrigo II: Canto XIX

Arrigo VII: Canto XXX

Beda: Canto X

Belisario: Canto VI

Benedetto da Norcia: Canto XXII

Cacciaguida: Canto XV

Carlo II d'Angiò: Canto XIX

Carlo Magno: Canto XVIII

Carlo Martello: Canto VIII

Clemente V: Canto XXX

Costantino: Canto XX

Costanza d'Altavilla: Canto III

Cunizza da Romano: Canto IX

Davide: Canto XX

Dionigi l'Areopagita: Canto X

Dionisio Agricola: Canto XIX

Elio Donato: Canto XII

Eva: Canto XXXII

Ezechia: Canto XX

Federico II d'Aragona: Canto XIX

Ferdinando IV e *Venceslao IV*: Canto XIX

Filippo il Bello: Canto XIX

Folchetto da Marsiglia: Canto IX

Francesco Graziano: Canto X

Giacomo: Canto XIX

Giacomo II: Canto XIX

Gioacchino da Fiore: Canto XII

Giosuè: Canto XVIII

Giovanni Battista: Canto XXXII

Giovanni Crisostomo: Canto XII

Giuda Maccabeo: Canto XVIII

Giuditta: Canto XXXII

Giustiniano: Canto VI

Glauco: Canto I

Goffredo di Buglione: Canto XVIII

Guglielmo d'Orange: Canto XVIII

Guglielmo II d'Altavilla: Canto XX

Ieftè: Canto V

Stampato a Firenze
negli Stabilimenti Tipolitografici
«E. Ariani» e «L'Arte della Stampa»
della S.P.A. Armando Paoletti
Aprile 1994